Comunidade Sustentável

Uma Estrutura para um Futuro Melhor

Wayne Fox

Direitos autorais © 2024 Wayne Fox. Todos os direitos reservados.

Nenhuma parte deste livro pode ser reproduzida de qualquer forma sem permissão por escrito do Autor. Os revisores podem citar breves passagens nas resenhas.

Isenção de responsabilidade e isenção de responsabilidade da FTC

Nenhuma parte desta publicação pode ser reproduzida ou transmitida de qualquer forma ou por qualquer meio, mecânico ou eletrônico, incluindo fotocópia ou gravação, por qualquer sistema de armazenamento e recuperação de informações ou por e-mail sem permissão por escrito do editor.

Embora tenham sido feitas todas as tentativas para verificar as informações fornecidas nesta publicação, o Autor não assume qualquer responsabilidade por erros, omissões ou interpretações contrárias do assunto aqui tratado.

Este livro é apenas para fins de entretenimento. As opiniões expressas são de responsabilidade do autor e não devem ser consideradas instruções ou comandos de especialistas. O leitor é responsável por suas ações.

A adesão a todas as leis e regulamentos aplicáveis, incluindo licenciamento profissional internacional federal, estadual e local, práticas comerciais, publicidade e todos os outros aspectos de fazer negócios nos EUA, Canadá, Reino Unido ou qualquer outra jurisdição, é de responsabilidade exclusiva de o comprador ou leitor.

O Autor não assume qualquer responsabilidade ou obrigação em nome do comprador ou leitor deste material.

Qualquer desrespeito percebido por qualquer indivíduo ou organização é puramente não intencional. Às vezes uso links afiliados com o conteúdo do livro. Isso significa que receberei uma comissão de vendas se você fizer uma compra. Isso, no entanto, não significa que minha opinião esteja à venda. Todos os links de afiliados listados no livro são os serviços e produtos para os quais eu mesmo usei e achei benéficos. O leitor ou comprador deve fazer sua pesquisa antes de fazer uma compra online.

Conteúdo

1.0 O que os outros estão dizendo

2.0 Introdução

3.1 Parte Um – A Cobra que se alimenta

4.0 Parte Dois – Estrutura para um futuro melhor

4.1 Fórmula

4.2 Raiz

4.3 Troca

4.4 Energizar

4.5 Projeto

4.6 Otimizado

4.7 Mortal

5.0 Conclusão – Usando o modelo em sua própria vida

6.0 Sobre o autor

O que os outros estão dizendo

Seus comentários vão aqui

Introdução

Domingo, 12 de março de 2023. *'Não consigo alimentar minha família, roubaram meu sustento, não sei o que fazer'*. Abayomi se esforça para expressar suas palavras embargadas pelas lágrimas, sem entender como pode consertar sua situação. Até alguns meses atrás, ela juntava dinheiro suficiente vendendo souvenirs para turistas na praia. Desde então, os moradores locais foram proibidos de acessar a praia.

Enormes cercas de arame foram erguidas para impedi-los de visitar o que antes era seu direito de nascença. Seu marido, Abdul, é pescador. Ele também não consegue mais ganhar a vida; ele não tem mais acesso à costa.

Os resorts hoteleiros da região abriram lojas em seus complexos; os turistas têm tudo o que precisam dentro do resort. Poucos turistas exploram a área local atualmente; eles são incentivados a comprar tudo o que precisam dentro dos resorts. Antes de isto acontecer, Abayomi sobrevivia com menos de 45 dólares por mês para alimentar a si própria, ao marido e aos cinco filhos. Os filhos dela nem têm sapatos para calçar; eles vão para a escola descalços. A escola deles é pequena e apertada. Durante a estação chuvosa, a água cai em cascata pelos buracos no telhado e atinge os alunos. O edifício está em tão mau estado de conservação que qualquer país ocidental o teria abandonado há anos, rotulando-o como um *'risco de vida'*.

Se alguém da família de Abayomi ficar doente, não existe um sistema de saúde natural para ajudá-lo - apenas um hospital improvisado a 80 quilômetros de distância; Abayomi não tem transporte para chegar até lá. É uma história semelhante em muitos dos países fronteiriços e menos desenvolvidos. Tem sido assim há mais tempo do que estou vivo. No entanto, muitas destas nações possuem alguns dos recursos naturais mais valiosos do planeta – ouro, prata, diamantes e petróleo. Suponhamos que a riqueza de uma nação fosse um reflexo do quão valiosos eram os seus recursos naturais. Nesse caso, todas essas pessoas deveriam estar dirigindo supercarros. No entanto, eles lutam para comprar o essencial para a sobrevivência. Esta terra pertence ao povo, mas um grupo de parasitas gananciosos a roubou.

Os editores sempre dizem que você deve ter um leitor-alvo em mente ao escrever um livro. O leitor alvo, neste caso, tenho que ser eu. Principalmente, foi escrito para quem busca a liberdade em mim,

um rebelde ao sistema, frustrado pelo status quo no mundo, faminto por mudanças drásticas para o bem de todos os seres humanos neste planeta.
É para quem deseja criar uma vida melhor para si e sua família.

Em segundo lugar, isto é para os muitos parceiros que podem dar vida a este quadro. Estes podem incluir operadores de hotéis e spas que pretendam crescer e expandir, juntamente com parceiros de construção interessados em emprestar os seus conhecimentos e recursos para testemunhar a revolução acontecer.

Depois, há os agentes de mudança, aqueles que desejam impactar pessoas como Abayomi e a sua família, investindo num modelo que muda a vida das pessoas e, ao mesmo tempo, obtém um retorno fantástico do seu investimento.

Toda a minha vida foi uma preparação para este momento. Estou imerso há mais de 40 anos em incorporação e construção imobiliária. Sou a quarta geração de uma família envolvida na construção e no desenvolvimento imobiliário nos últimos 100 anos, desde a época do meu bisavô, Fred Fletcher, um pedreiro de Nottingham, Reino Unido. Estive envolvido em diversos projetos, desde a reabilitação de antigos solares até à construção, remodelação e remodelação de hotéis, escritórios e conjuntos habitacionais.

Durante esse tempo, aprendi muito sobre mim e quais são meus pontos fortes. Minha capacidade de reacender um negócio, reimaginar modelos de negócios e criar novas ofertas de produtos, combinada com minha capacidade de ver o futuro e produzir uma visão que atenda a esse futuro. Esses pontos fortes geraram os sucessos e frustrações mais significativos da minha vida. Menciono frustrações porque quando você diz a alguém que um monstro está subindo a colina, mas essa pessoa não pode ver ou ouvir, então não acredita que seja real. Quando eles vêem, já é tarde demais. Estes últimos quinze anos foram repletos de muita frustração, pois avisei repetidamente as pessoas apenas para testemunharem a morte de seus negócios e perderem tudo pelo que trabalharam tanto durante toda a vida, porque não acreditavam que a ameaça era real.

Percebi meus pontos fortes pela primeira vez aos vinte anos, quando expandimos nosso negócio familiar de contratação de uma empresa que trabalhava para alguns proprietários locais para, uma década depois, ter contratos e funcionários em toda a Escócia, trabalhando para muitos clientes conhecidos, incluindo Serco, Swallow Hotels & Best Western Hotels, juntamente com muitas autoridades governamentais locais. Meus sócios trabalharam com empresas como Disney, Four Seasons e Marriott, além de realizarem todo tipo de coisas interessantes, como abrir o capital de empresas.

Em 2009, envolvi-me numa start-up de energia renovável e, em dois anos, transformei-a na maior empresa de energia de biomassa do Reino Unido. Alguns anos depois, me envolvi com uma pequena empresa de mídia, com receita anual de cerca de £ 200 mil. Em quatro meses, conseguimos um contrato para exportar os seus serviços para a China, no valor de mais de um milhão de libras. Estes são apenas dois exemplos dos diversos negócios que reacendi nas últimas três décadas.

Meu foco agora está no que eu chamo *'a Revolução da Liberdade'*-—criar oportunidades que nos levem a um mundo mais saudável, focado nas oportunidades e inspirado na liberdade, que é um pouco do que você lerá neste livro.

A razão para escrever este livro é fornecer uma compreensão do rumo que o mundo está tomando e dar uma ideia de um caminho alternativo. Não compartilho isso para encher sua cabeça com desgraça e tristeza ou teorias de conspiração, mas sim para que você possa posicionar a si mesmo e sua empresa de forma que o tsunami de mudanças e perturbações que se aproxima não o afete.

O subproduto de seguir esse modelo, vou compartilhar, é que ao mesmo tempo que você melhora sua própria vida e a daqueles ao seu redor, você também melhora a vida de milhões de pessoas como Abayomi, que foi roubada de seu direito de nascença pelo mundo desenvolvido, de modo que um punhado de parasitas gananciosos pode acumular suas moedas como uma criatura maligna e distorcida, enquanto aqueles de quem eles roubaram são deixados para apodrecer, como ratos moribundos.

Pretendo fornecer-lhe uma estrutura para melhorar diferentes áreas da sua vida e destacarei algumas áreas que você ainda precisa considerar. Algumas sugestões podem deixá-lo desconfortável, levando você a rejeitá-las porque são tão óbvias que você pode questionar por que não as descobriu antes. Ao final do livro, você terá as bases para construir, fazendo mudanças em sua própria vida e ao mesmo tempo percebendo o efeito borboleta em todos ao seu redor.

Nosso negócio pretende fornecer acesso a essas formas alternativas em formato de pacote. Entendemos que você vive uma vida agitada e muitos podem se sentir sobrecarregados com essa estrutura depois de lê-la. Outros podem querer se envolver, mas devem adquirir habilidades ou experiência direta para saber por onde começar.

Parte do nosso foco imediato é usar nossa experiência em desenvolvimento imobiliário e serviços de energia, expandir negócios e aumentar investimentos para construir uma comunidade de vila privada, soluções de autossuficiência, investimento hoteleiro, desenvolvimento de hotéis e spas, soluções sustentáveis para alimentos, água, energia e desperdício, mas, em última análise, usam todos esses geradores de receita para impactar a vida de pessoas como Abayomi e sua família, sobre a qual você lerá mais na parte dois.

O livro está dividido em duas partes. A primeira parte examinará os problemas atuais do sistema, o que os levou a eles e aonde nos levarão se não acordarmos e mudarmos de rumo rapidamente. Na segunda parte, compartilharei nosso FREEDOM Framework™, fornecendo sete áreas nas quais você deve se concentrar, quer você queira melhorar sua saúde ou construir sua própria comunidade.

Começo esta jornada com uma pergunta simples: *'O que seria necessário para criar uma vida completamente autossustentável - não apenas para mim, mas para uma comunidade de pessoas, cada uma com suas necessidades individuais?'*

Você só pode ver a vista do Everest depois de escalar a montanha. Coisas boas vêm de situações desconfortáveis. A subida começa agora.

Parte um

A cobra que se alimenta

Este capítulo examinará o estado actual do mundo, o que o levou a este ponto e onde terminará se não mudarmos rapidamente de rumo. Mas não vou começar a falar sobre alterações climáticas, como seria de esperar; é quantos desses *'livros de sustentabilidade'* começar.

Este livro é sobre como se afastar daqueles que promovem agendas de controle nefastas. Ao continuar lendo, você entenderá por que digo isso. Os humanos nascem livres; eles não precisam ser ditados por burocratas não eleitos. Este capítulo irá discutir quem estas várias agendas realmente beneficiam porque, à primeira vista, embora preguem sobre a salvação do planeta, a maioria delas trata de algo muito mais nefasto. Se você substituiu as palavras *'das Alterações Climáticas'* para *'controle final do povo'*, o mesmo manual seria aplicado.

Você deve proceder com cautela se ainda não viu nenhum conteúdo que induza o gatilho antes deste ponto. Nesta seção do livro, há uma grande chance de que algo que você leu irá desencadear você e causar ofensa. Este é um aviso. Eu poderia ter diminuído um pouco o tom para suavizar o golpe, mas o fato é que não estou dizendo isso para ferir os sentimentos de ninguém; não é direcionado a você, então saia da linha de fogo e pare de defender o sistema que caga em você. Se você está ofendido pela verdade que compartilho, talvez pergunte a si mesmo por que protegeria um sistema que continuamente o torna mais pobre, mais doente, mais burro e, em última análise, torna-o mais dependente dele. Se você se sente ofendido porque passou a vida inteira se qualificando em uma matéria que estou prestes a destruir, então não o culpo por estar chateado. Eu também estaria, mas sou apenas o cara com a tocha, tentando iluminar os corredores escuros do sistema. É com o sistema que você precisa ficar zangado, não com o cara com a tocha.

Infelizmente, para onde quer que você olhe no mundo ocidental, ele é corrupto e tóxico, fazendo principalmente o oposto do que é apresentado. Vivemos num mundo de cabeça para baixo, onde as coisas apresentadas como boas são más, enquanto as coisas ou pessoas realmente boas são apresentadas como más.

Suponhamos que alguma vez encontremos uma solução sustentável para os problemas do mundo. Nesse caso, precisamos parar de nos ofender com tudo, parar de levar tudo tão para o lado pessoal, esquecer toda aquela lavagem cerebral que nos foi feita e começar a viver nossas vidas com consciência de como o mundo realmente funciona. Nada disso irá chocá-lo se você estiver totalmente desperto para tudo o que compartilharei com você. Algumas delas podem fazer você pensar ainda mais profundamente sobre até onde vai essa toca do coelho e por quê. Então agora eu preparei você mentalmente; é hora de entrar nisso. Prepara-te.

Sistema financeiro

Sabia que no mundo ocidental, 99,9% das empresas são pequenas e médias, mas menos de 1% do investimento vai para esta parte da economia? O quadro é ainda pior nos países fronteiriços e menos desenvolvidos.

A maior parte do sistema financeiro é controlada, propriedade ou ditada por um pequeno grupo de fundos de investimento e interesses empresariais. Blackrock, State Street e Vanguard investiram US$ 22 trilhões no mercado. Esses não são os únicos fundos de investimento, mas possuem muitos dos ativos no mercado hoje. Todos os setores, sejam empresas públicas, empresas farmacêuticas e de tecnologia, escritórios, habitação social e terras agrícolas. Esta participação confere-lhes uma influência de controlo sobre uma grande parte do mercado e, com isso, um impacto substancial no modo como o mundo funciona. O problema é mais do que apenas estas três empresas; numerosos outros interesses de controle existem há muito mais tempo. Claro, sempre tivemos nosso velho amigo *'Ambição'*, que domina a mente de todos em algum momento. Menciono apenas esses três fundos de investimento significativos, pois são fáceis de você pesquisar, se quiser, enquanto outras partes controladoras são privadas.

Tal como testemunhámos na crise financeira de 2008/09, os gestores de investimentos foram incentivados a fazer negócios independentemente de beneficiarem o público em geral, o fundo ou os seus investidores.

A maior parte da economia global está falida. No Reino Unido e nos EUA, o valor da moeda perdeu mais de 90% nos últimos anos, à medida que os governos continuam a imprimir dinheiro falso, desvalorizando a riqueza do seu país em relação a outras moedas. A economia global acabará por entrar em colapso, destruindo para sempre as poupanças, pensões e riqueza da maioria das pessoas e provavelmente levando consigo todas as pequenas empresas.

Em 2020, o mundo viveu o que alguns chamariam de aquisição corporativa da economia global. Embora todas as pequenas empresas nos países ocidentais tenham sido forçadas a fechar, os monopólios corporativos foram autorizados a continuar a operar.

Por que é que o talho familiar na rua principal da minha aldeia teve de fechar, enquanto os grandes supermercados puderam permanecer abertos? Faz sentido quando você percebe que tudo foi planejado desde o início. Nas minhas publicações nas redes sociais em 2018, escrevi que o plano sempre foi retirar as pequenas empresas da economia e fazer com que as corporações dominassem todos os setores.

Entretanto, para evitar perder tudo o que possuíam, os pequenos empresários foram forçados a assumir *'dinheiro livre'* na forma de *'recuperação de empréstimos'*. Avançando três anos, temos quase todas as empresas agora sobrecarregadas de dívidas, cada uma precisando de ajuda para pagar os pagamentos. Em alguns casos, as taxas de juros dessa dívida são próximas das de um cartão de crédito. Muitas empresas já cessaram a sua atividade; todos os dias, vejo histórias de mais insolvências, empresas que operam há décadas, nomes conhecidos e pequenas empresas locais da minha região, todas insolventes.

Todas as empresas com quem falo precisam de ajuda para pagar as dívidas. À medida que a economia entra em recessão, esta espiral descendente irá acelerar. Enquanto escrevo isto em Março de 2024, prevejo que em 2026, daqui a apenas dois anos, a maioria das pequenas empresas deixará de existir nas economias ocidentais.

A maioria das pessoas acredita que o sistema monetário foi criado como uma forma de troca de valores. Era uma forma de trocar uma hora do seu tempo por um pão. Esse propósito é secundário. O dinheiro carrega uma vibração energética; representa *'fluxo'*, como água. Nós chamamos isso *moeda*, como se a água tivesse uma corrente que levasse uma vara rio abaixo. O problema é que o sistema monetário foi sequestrado por um pequeno grupo de personagens nefastos nesta peça que chamamos de vida.

O objectivo principal do dinheiro agora, em vez de ser apenas uma troca de valor, é controlar a população em massa. Isso mantém as pessoas no reino da busca pela sobrevivência. O valor que o sistema atualmente recompensa é qualquer coisa que desvie as pessoas de sua verdadeira essência ou caminho, seja mantendo-as distraídas ou alimentando-as com tanta porcaria que elas não conseguem se concentrar no que as beneficia.

A troca de valor é ótima no dia a dia pela compra de um pão ou de um litro de leite; estas são necessidades básicas de sobrevivência, mas o que acontece quando precisamos de mais do que sobrevivência?

Até o desejo de tirar férias é limitado pela quantidade de dinheiro que temos. Você quer aprender um novo assunto? Obter uma qualificação? Melhorar sua posição na vida? Comprar uma casa? Assumir um projeto de negócios? Tudo é limitado pela sua percepção de ter acesso ao dinheiro necessário para essas atividades. Mas quem controla seu acesso ao dinheiro? São os controladores do sistema que o mantêm escravo dele. São as mesmas pessoas que criaram a versão atual do sistema monetário.

O pior é que os bancos centrais criaram toda essa dívida do nada. Esse dinheiro nunca existiu na forma física. A actual oferta monetária não é apoiada por nada físico como metais preciosos, como já foi, porque a dívida é criada literalmente a partir do nada.

São apenas dígitos em uma tela que continuam aumentando quando alguém novo pede mais dinheiro emprestado. Se os fundos fossem garantidos por barras de ouro físicas, uma barra de ouro por, digamos, 1.000 libras, seria impossível para eles criar magicamente dívida a partir do nada, pois não haveria ouro para sustentá-la. Se eu quiser lhe emprestar £ 10.000, irei ao meu cofre, retirarei as dez barras de ouro e depois as passarei para você. Se eu não tivesse aquelas dez barras de ouro, não conseguiria *'emprestar'* você esse dinheiro.

O mesmo princípio se aplica aos juros. Os juros são um número fictício adicionado à sua dívida e criado do nada. Para me pagar esses juros adicionais, você também teria que criar novas barras de ouro em algum lugar, para que eu pudesse adicioná-las de volta ao meu cofre, prontas para emprestar novamente. Suponha que haja uma oferta limitada de ouro no sistema porque está diretamente relacionada com a quantidade de moeda em circulação. Nesse caso, é impossível criar mais por magia. Foi por isso que a oferta monetária foi removida do padrão-ouro, para usá-la contra o povo.

Sistema alimentar

No ano passado, depois de visitar o supermercado, encontrei uma maçã muito machucada na minha sacola de compras. Em vez de comê-lo eu mesmo, joguei-o no jardim para os pássaros comerem. A maçã permaneceu exatamente como eu a joguei fora três meses depois. Os pássaros não tinham tocado nele e ainda estava tão vermelho quanto no dia em que o joguei fora. Os animais sabem o que é saudável e o que não é; eles puderam ver que algo não estava certo com esta maçã. O que exatamente estamos colocando em nossos corpos se isso significa que eles não se decompõem naturalmente?

Entre nos principais supermercados; 95% do que vendem é tóxico e venenoso para o nosso corpo. Não estou falando da típica junk food; Isso é óbvio. Estou falando daqueles alimentos que você acredita serem saudáveis para você. Estou falando sobre frutas e vegetais pulverizados com todos os tipos de produtos químicos. Vamos entender por que eles nos dizem para *'coma nossos cinco por dia'* mais tarde. É claro que tudo isto é feito para criar uma vida útil mais longa, o que, em última análise, significa que os supermercados podem aumentar os seus lucros.

Entretanto, os agricultores que produzem alimentos para alimentar a população lutam para sobreviver. Às vezes, eles recebem apenas 1% do preço real de varejo do produto. Você pode questionar como um fazendeiro pode alimentar 1.000 vacas leiteiras quando elas recebem apenas alguns centavos por cada litro de leite que produzem. O fato é que eles não podem. Todos os anos, os agricultores perdem dinheiro. Muitos já venderam as suas explorações agrícolas ou diversificaram para outras áreas para utilizar melhor as suas terras e recursos. Alguns passaram a vender directamente à comunidade local, mas esta é uma pequena fracção; quase não afecta o abastecimento alimentar comunitário em geral, uma vez que a maioria das pessoas continua a apoiar estes parasitas corporativos, em vez de ajudar directamente os produtores de alimentos.

Muitas pessoas compram alimentos enlatados, como atum e feijão cozido. Os alimentos enlatados devem durar o máximo possível, por isso são embalados em latas herméticas e preenchidos com aditivos para prolongar sua vida útil.

O problema dos alimentos enlatados, além de todos os aditivos, é que eles sugam metais da lata, ou seja, quando você come aquela lata de feijão cozido, também está ingerindo aqueles metais que seu corpo não consegue digerir.

Os alimentos industrializados ocupam grande parte das prateleiras dos supermercados. Até mesmo coisas como palitos de caranguejo, que você acredita serem carne de caranguejo, foram processadas com todo tipo de lixo adicionado. Observe os ingredientes da maioria dos alimentos desta categoria, até mesmo coisas como frango, e você encontrará todos os tipos de recheios e outros resíduos tóxicos adicionados a eles. Esses *'enchimentos'* são adicionados a *'aumento'* o produto, fazendo-o parecer maior e pesar mais. São agentes de enchimento, glúten, soja e goma xantana, entre outros. Ingredientes que a maioria de nós nem consegue pronunciar. Estes são resíduos que muitas pessoas não conseguem digerir; o único objetivo é gerar mais lucro para os supermercados, independentemente das consequências para a saúde das pessoas que os consomem.

Peguei um pacote de *'aparas de peru'* algumas semanas atrás, enquanto estava na loja. Este produto foi apresentado na forma de pedaços de sobras de peru. Olhando os ingredientes, apenas 60% do produto era peru. O resto incluía esses enchimentos e outros aditivos não naturais que não deveriam estar ali. Um dos enchimentos adicionados foi a soja. Agora, eu poderia ter comido este produto sem suspeitar, esperando que fosse 100% peru, e então sofrer enormes repercussões para a saúde, pois sou alérgico a soja. A soja não é uma fonte alimentar natural; é uma fonte de alimento artificial, criada para alimentar o gado, engordando-o, pronto para o abate. Então, por que agora estamos sendo alimentados com isso também... Talvez eles planejem nos massacrar também?

Outra coisa que notei nos últimos doze meses é o aumento da quantidade de produtos contendo Dextrose. A dextrose é um produto que atua como o açúcar. Aprendi sobre Dextrose pela primeira vez quando um membro da família foi diagnosticado com diabetes tipo 1. A dextrose é um substituto do açúcar de ação rápida usado por pessoas com diabetes para aumentar rapidamente os níveis de açúcar no sangue quando estão perigosamente baixos. É doce como o açúcar, mas age muito mais rápido para aumentar os níveis de açúcar no sangue. Então agora você entende isso: por que eles estão colocando isso em nossos alimentos? Você acha que há alguma conexão entre o crescente número de pessoas que têm diabetes na última década?

Comer alimentos que contenham Dextrose aumentará o açúcar no sangue toda vez que você comer. Isso afeta o pâncreas, criando mais insulina, que eventualmente ficará sob tanta pressão que deixará de funcionar corretamente. Neste ponto, você dependerá de medicamentos farmacêuticos para mantê-lo sob controle. Se mais tarde você tiver filhos, essa fraqueza no pâncreas será transmitida geneticamente aos seus descendentes, e eles se tornarão portadores do tipo um.

Você percebeu que adoçantes artificiais e não calóricos como Aspartame, Sucralose e Sacarina engordam? Ironicamente, a maioria das pessoas que consomem esses adoçantes, ou *'alimentos dietéticos'*, leve-os porque querem o sabor doce sem calorias de açúcar. Além de criar todos os tipos de problemas de saúde, como enxaquecas, os adoçantes fazem seu corpo desejar açúcar, então você consome mais açúcar de outros lugares do que inicialmente tentou se salvar.

Abastecimento de água

Suponha que você alguma vez colete uma amostra química de água de uma residência em uma economia ocidental. Nesse caso, você encontrará grandes quantidades de flúor, cloro e outros produtos químicos na água. Disseram-nos que estes produtos químicos são usados para matar parasitas na água. No entanto, existem maneiras melhores, mais eficientes e mais baratas de matar qualquer parasita à base de água que não envolva o envenenamento da população do seu país.

Deveríamos fazer perguntas mais profundas àqueles em quem confiamos para fornecer o nosso abastecimento de água. Vale a pena considerar se esses produtos químicos estão nos causando problemas de saúde?

Sistema de saúde

No que você está pensando se está fazendo uma dieta para perder peso e bebendo shakes de proteína?!! A proteína adiciona músculos. O músculo é mais pesado que a gordura. Se você não fizer exercícios e queimar essa proteína extra, ela se tornará mais gorda. Se você deseja perder peso, não ingira grandes quantidades de proteínas. Se você observar qualquer pessoa que segue um plano de dieta, verá que inicialmente ela pode perder peso, mas depois que sai do plano, sempre ganha mais peso do que perdeu com o plano. Pare de ouvir os sinos que criam essas tendências de dieta da moda; eles têm um objetivo em mente - mantê-lo gordo, para que você continue comprando as porcarias deles e ouvindo as besteiras deles.

Se você é fã de vitaminas e suplementos, tenho ainda mais más notícias para você. Dê uma olhada nos ingredientes dos suplementos ou vitaminas. Se mencionar um ingrediente como *'estearato de magnesio'*, isso é usado como o que você pode chamar de *'embrulho'*, que mantém tudo junto. O problema desse ingrediente é que ele impede que o corpo absorva as vitaminas, de modo que elas nadam pelo corpo, nunca sendo absorvidas. E então nos perguntamos por que as pessoas contraem todos os tipos de doenças como o câncer.

Mas isto leva-nos à razão, além do lucro, pela qual as coisas são como são: a indústria farmacêutica ou, mais amplamente, o sistema médico.

Milhões de pessoas estão empregadas no *'indústria do câncer'*- serviços de investigação, tratamento ou cuidados posteriores. Imagine quanto dinheiro as empresas e seus acionistas ganham nessa luta. Agora, imagine que um desses técnicos de laboratório acidentalmente tropeçou em uma cura noturna para o câncer. Quantas pessoas e empresas ficariam desempregadas meses depois de descobrirem esta cura? Você toma um comprimido e nunca mais tem câncer. Se você tiver sorte de encontrar a cura, poderá se sentir motivado a encobri-la. Você não faria isso? Caso contrário, vocês são os mais antigos da organização, os responsáveis por gerar retornos massivos para os acionistas. Você tem uma família para alimentar e uma casa nova para pagar; e aquele estilo de vida ao qual você se acostumou? Além disso, você passou a vida inteira trabalhando nisso; que trabalho você faria a seguir? Você ainda tem as habilidades para conseguir um novo emprego? Você gostaria de mostrar essa descoberta e ficar desempregado no próximo mês? Talvez seja melhor apenas enterrá-lo.

Poderíamos dizer que certas partes da indústria estão mais motivadas para realmente "aumentar" os casos de câncer, já que isso *'garantias'* que você pode manter esse estilo de vida; você pode até conseguir um aumento salarial. Mas como você pode aumentar os casos?

Um caminho é alimentar as pessoas com alimentos processados e dizer-lhes para *'coma seus cinco por dia'*, consumir frutas e vegetais cheios de todos os tipos de produtos químicos tóxicos. Ou você pode dar-lhes comprimidos para SII ou refluxo ácido, o que, com o tempo, cria mais complicações. A ideia ainda parece inacreditável?

Você pode dizer que tudo parece um pouco *'teoria da conspiração'* até ver evidências de que isso está acontecendo. Há alguns anos, a Johnson & Johnson foi considerada culpada de colocar amianto e arsênico em talco para bebês. Que ideia nova, uma empresa farmacêutica colocar um ingrediente prejudicial num produto, e pior ainda, fazê-lo aos clientes na fase inicial e mais fraca do desenvolvimento do seu sistema imunitário; esses bebês crescem sofrendo todos os tipos de problemas de saúde. Das alergias até ao cancro, garantindo assim a procura futura de medicamentos da mesma indústria que criou o problema. Não importa para essas organizações se forem multadas em bilhões de dólares por fazer isso, porque os clientes que elas *'infetado'* com seu veneno valem muitos trilhões ao longo de sua vida como clientes da indústria. Alguns bilhões de dólares em multas são alguns trocados no grande esquema. É como dar-lhes um tapa no pulso e chamá-los de meninos e meninas travessos.

O sistema médico tradicional (alopático) não é treinado para encontrar a causa raiz dos seus sintomas de saúde. É treinado para diagnosticar o sintoma e depois prescrever um medicamento que suprima esse sintoma, fazendo você acreditar que está curado, enquanto, na verdade, a verdadeira causa do problema ainda existe, manifestando aos poucos algo muito maior. Embora elimine um sintoma, alguns meses depois, novos sintomas aparecem, talvez na forma de dores ou resfriados em alguma outra parte do corpo. Quando as pessoas estão com tosse, resfriado ou até mesmo gripe, este é apenas o método natural do seu corpo para se livrar das toxinas que você ingeriu. Ao tomar todos esses medicamentos, as pessoas suprimem as fungadas e evitam que seus corpos *'jogar fora o lixo'*.

O que aconteceria se você nunca jogasse fora o lixo de sua casa, apenas deixando-o acumular?

Eventualmente, atrairia roedores e você teria muitos novos problemas. Por que seria diferente com seu próprio corpo?

Essa supressão de sintomas leva à situação em que a maioria das pessoas com mais de 40 anos se encontra. Elas tomam tantos medicamentos que provavelmente você pode ouvi-los chocalhar enquanto caminham pela rua. A maioria desses medicamentos torna-se prescrições de longo prazo, e o médico nunca reavalia o paciente e o retira da medicação. Eles continuam prescrevendo o medicamento pelo resto da vida do paciente. Há uma boa razão para isso acontecer, como veremos a seguir.

Em 2018, participei num seminário de negócios em Londres, onde conheci um homem chamado Simon. Conversei com Simon, que me disse ser dono de uma série de médicos do NHS e de empresas de cirurgia dentária. Ele me disse que estava procurando mais empresas desse tipo para comprar; Acredito que ele tinha sete treinos na época. Não estou falando de possuir edifícios físicos; Estou falando sobre o negócio operacional real.

Até então, eu acreditava que todas as cirurgias do NHS pertenciam e eram administradas pelo governo. Esse não é o caso; eles pertencem e são administrados de forma privada, geralmente pelos médicos que trabalham neles, e por isso temos um dilema quando sabemos como esses *'negócios'* ser pago.

Os médicos recebem dinheiro das empresas farmacêuticas sempre que prescrevem um medicamento dessa empresa. Eles são vendedores não oficiais. Há um aparente conflito de interesses. Isso não é um bom presságio para alguém em quem confiamos para trabalhar em nossos melhores interesses. Nem motiva o indivíduo a encontrar a causa raiz dos nossos problemas, pois isso eliminaria qualquer futuro *'receita'* do cliente para esses traficantes de drogas.

Mas ainda não terminamos. Tenha paciencia comigo. Se você é um alienígena visitante deste planeta, lendo isto, provavelmente pensará: *'Uau, que lugar louco. Por que as pessoas confiariam inquestionavelmente nesses parasitas para cuidar de sua saúde??'*

Se olharmos para o corredor de saúde e higiene do supermercado, vemos produtos cheios de produtos químicos e que fazem mal ao nosso corpo. A maioria das pessoas não percebe isso, mas observe qualquer um dos ingredientes de coisas como pasta de dente, sabonete, xampu e maquiagem. A loção bronzeadora, por exemplo, contém partículas metálicas que atraem o calor do sol.

Se usar o fator 50 é o que nos salva do câncer de pele, então por que nem todos no mundo em desenvolvimento, quente e ensolarado, já estão mortos? Eles não usam Fator 50. Comprar essas coisas custaria mais do que eles ganham em salário. Mas onde está a pior epidemia de câncer de pele? São os países ocidentais que se cobrem deste veneno tóxico. A pele é o maior órgão do corpo; cada vez que usamos esses venenos e poções, eles são absorvidos pela nossa pele e pela corrente sanguínea.

Vamos considerar brevemente qualquer coisa que você coloque na pele dessas grandes empresas, incluindo hidratantes, maquiagem e até mesmo aqueles *'natural'* produtos. Novamente, por favor, observe os ingredientes, mas em vez de procurar e ser enganado por palavras que você não consegue pronunciar, observe o que esses ingredientes fazem ao seu corpo. E se eu te contasse isso *'redução de idade'* cremes fazem sua pele envelhecer mais rápido? Como pode ser assim? Um dos motivos é que os produtos contêm ingredientes à base de petróleo ou parafina.

Pareceria normal você esfregar todo o corpo com diesel? Claro que não, mas você faz isso toda vez que esfrega esses *'cuidados com a pele'* produtos por todo o corpo. É o mesmo produto principal. Esses ingredientes ressecam a pele, reforçando a necessidade de comprar o produto que você acredita que resolverá o problema, deixando você preso nesse ciclo de comprar mais daquilo que está causando o problema.

Há alguns anos, houve um movimento massivo contra os produtos de maquiagem testados em animais. Mesmo assim, ninguém parecia questionar: se o produto fosse *'natural'* e bom para a sua pele, por que eles precisaram testá-lo em animais? Na verdade, perdemos uma grande bandeira vermelha ali. Devíamos ter perguntado que produtos químicos estavam a colocar nestes produtos quando testemunhámos os danos causados a estes pobres animais.

Tecnologia

A intenção sempre foi criar confiança em *'dispositivos pessoais e tecnologia'*. Os controladores do sistema visam conectar o corpo e o cérebro de todos a uma vasta rede de computadores. Isto será vendido a você como uma solução para nos tornar mais inteligentes – imagine ter todas as informações do mundo como uma extensão do seu cérebro. A princípio parece interessante, mas ainda precisamos considerar seu lado negativo.

Imagine como é fácil alguém invadir seu computador em casa. Agora imagine como é fácil alguém invadir aquele gigante *'cérebro conectado'*. Um hacker poderia controlar uma população inteira com o clique de um botão, criando um exército se assim o desejasse. Se devêssemos ter computadores no lugar do cérebro, nós os teríamos integrados quando saíssemos do útero. Essas pessoas estão promovendo essa tecnologia porque um cérebro conectado pode ser facilmente controlado ou desligado. Eles podem encerrar nosso programa se assim o desejarem.

A transição do telefone celular em estágio inicial para esse cérebro totalmente conectado é lenta. É propositalmente lento, por isso não percebemos a transição e começamos a questionar a intenção.

 O primeiro passo foi criar um computador portátil – o smartphone moderno. Tornamo-nos dependentes disso para tudo no nosso dia-a-dia; temos nossas informações de trabalho nele, nossos bancos e finanças nele, e nossa vida se tornou dependente disso, tanto que se for extraviado, teremos um ataque de pânico.

A próxima etapa desta transição é *'tecnologia utilizável'*. Esta "tecnologia inteligente" passa das nossas mãos para ser fixada nos nossos corpos. A tecnologia inteligente inclui fones de ouvido, relógios inteligentes e outros *'saúde'* dispositivos de monitoramento. Também consiste nos óculos que foram lançados recentemente. Observe como todos esses dispositivos estão conectados à rede central da internet. Estamos agora a apenas um passo de conectar nossos cérebros à rede.

Se você olhar para o chamado *'Heróis'* como Elon Musk, ele conectou um cérebro humano a um computador com seu negócio, a Neuro-link. Ele também possui uma vasta rede global de satélites chamada Star-Link, que, quando o cérebro estiver conectado, garantirá que todos permaneçam conectados à internet, independentemente de onde estejam. É o controle total da raça humana.

Agora, preciso expressar enorme preocupação. Esta tecnologia vestível é mais do que apenas os dispositivos inteligentes mencionados acima. Estes são para o mainstream, mas outros *'dispositivos'* já estão por aí, sendo utilizados em diferentes setores da economia. A indústria de dispositivos médicos cria tecnologia vestível, sejam monitores de diabetes, bombas de insulina ou membros protéticos. Eu sei que é um desafio se você já os usa, mas tome cuidado com aquilo de que você depende. Com esta tecnologia, devemos regressar ao básico, em vez de nos aproximarmos de uma solução cerebral conectada.

Veja as bombas de insulina, por exemplo; estes já estão conectados à internet através de um smartphone. Se o controlador quisesse, ele poderia acessar esse dispositivo enquanto você dorme e alterar a quantidade de insulina que ele fornece. Parece absurdo quando digo isto agora, mas a próxima evolução destes dispositivos irá permitir-lhes fazer isso mais fácil do que nunca. É uma maneira simples de os controladores do sistema manterem você dependente deles. Quando você é confiável, você também é compatível. Nesse ponto, não há como voltar atrás.

Caridade

As instituições de caridade são administradas em benefício daqueles que as criam ou administram. Não posso agrupar todas as instituições de caridade nesta categoria, pois ainda não pesquisei todas elas. Ainda assim, olhando para as instituições de caridade mais significativas e conhecidas, farei algumas declarações gerais com base no que parecem ser ações cotidianas em muitas delas.

Há muito que posso dizer sobre o setor de caridade. Ainda assim, até que a notícia seja partilhada publicamente, apenas atrairá casos de difamação de grandes doadores e benfeitores, que lutam para evitar que a informação se torne de conhecimento público. Então, até lá, só posso compartilhar o que já é de domínio público, ainda que oculto em alguns aspectos.

Você sabia que um golpe existe em instituições de caridade há pelo menos uma década? Ouvi falar disso pela primeira vez em 2013 e tenho certeza de que não era novidade naquela época. Um indivíduo ou empresa doa dinheiro para a instituição de caridade. A instituição de caridade irá então reembolsar 90% dessa doação como receita ou entregando um contrato falso à empresa doadora. Embora a instituição de caridade fique com 10% da doação (mais 25% do auxílio-presente reivindicado pelo governo), os 90% devolvidos ao doador são classificados nas contas financeiras da instituição de caridade como um *'custo de captação de recursos'*. Ao doar, o doador pode reivindicá-lo como uma despesa dedutível de impostos, o que significa que pagará muito menos impostos sobre suas receitas e lucros. Mas então eles também ganham uma renda extra no ano seguinte, à medida que a doação é devolvida a eles... e ainda nem começamos com os meninos grandes.

Uma instituição de caridade global bem conhecida, atende pelo nome de *'Oxfam'*, você pode ter ouvido falar disso. Ao longo da última década, enfrentou inúmeras acusações contra os quadros superiores por não investigarem relatos de que o seu pessoal violava crianças em países em desenvolvimento. Num outro caso, a gestão sénior visitou um país em desenvolvimento e durante várias semanas, traficou raparigas, manteve-as em cativeiro durante a sua viagem ao país e manteve relações sexuais com elas. Esta instituição de caridade se apresenta contra o tráfico de crianças e a escravidão sexual.

Existem algumas instituições de caridade menores com intenções puras, dirigidas por pessoas boas e honestas que trabalham incansavelmente e voluntariamente, sem remuneração.

Infelizmente, as ações dos corruptos e as más intenções das conhecidas marcas de caridade mancharão a imagem de *'caridade'* no geral, essas instituições de caridade menores e bem-intencionadas também sofrerão por isso.

Sistema habitacional

A última coisa que gostaria de esclarecer é como vivemos neste mundo, especificamente nestes lugares que chamamos de nossos lares. Você já percebeu que quando viaja para um determinado lugar, você se sente de uma certa maneira em relação a isso? Sou suscetível a isso, então posso sentir rapidamente como é um lugar.

A razão pela qual temos altos índices de criminalidade e violência em áreas densamente povoadas de uma cidade é porque quaisquer emoções ou energias negativas são ampliadas. Suponha que você já entrou em uma sala depois de uma discussão e sentiu uma atmosfera na sala, ou entrou em um lugar onde todas as pessoas na sala estavam chorando. Nesse caso, você sente uma sensação de tristeza na sala. Se você permanecesse naquele lugar, começaria a sentir essas emoções como se fossem suas.

Se uma pessoa fica com raiva em um bloco de apartamentos, os demais apartamentos ao seu redor também começam a ficar com raiva, apesar de não saberem por que se sentem assim. O mesmo se aplica às áreas densas de uma cidade. A outra razão pela qual estas áreas geram elevada criminalidade e violência é semelhante a quando se enjaula um leão num espaço pequeno; fica frustrado e com raiva. Assim como o leão, você não foi feito para ficar fechado neste pequeno espaço que chamamos de lar.

Fomos feitos para viver em planícies abertas na natureza, e não em selvas de concreto compactadas e sem espaço para respirar. Os humanos não foram projetados para viver nesta pequena caixa de concreto, então essa frustração aumenta e impacta o modo como você pensa e age. Suponha que suas janelas estejam voltadas para a paisagem aberta, para a natureza. Nesse caso, sua mentalidade será muito diferente daquela que você vê na selva suja de concreto.

Nosso ambiente dita como pensamos e agimos. Áreas de habitação social densa foram projetadas propositadamente com isto em mente. Os "controladores" do sistema não querem que você se torne um ser iluminado, porque então você perceberia que não precisa deles para sobreviver neste mundo. Em vez disso, eles mantêm você no modo de sobrevivência lutar ou fugir.

Curiosamente, este desenvolvimento em massa dos chamados 'Casas minúsculas' ocorreu nos últimos dois anos. Será que eles não entendem que não fomos feitos para ficar confinados em espaços pequenos como estes? Ou estão apenas lucrando com a sociedade, independentemente das consequências para a saúde de quem os compra?

A 'Pequena Casa' é, em alguns casos, menor que o tamanho de um contêiner de transporte de 20 pés. Eu me pergunto se os próprios criadores optam por morar em um contêiner ou se preferem uma linda mansão no campo. O que nosso mundo se tornou quando nos preocupamos mais com o lucro do que em fornecer algo de valor ao cliente?

Vá a qualquer incorporadora de imóveis corporativos e pague £ 500.000 para viver em uma pequena caixa com um jardim de caixas de fósforos, e ignorada por outras cinco pequenas caixas ao redor, projetadas para espremer o máximo possível de caixas pequenas no espaço para aumentar o lucro. Isso parece algo pelo qual você se endividaria por toda a vida? Isto é o que a maioria das pessoas na sociedade ocidental aspira.

Quando consideramos a construção das nossas casas e espaços de trabalho, os materiais utilizados na construção e mobiliário destes edifícios são tóxicos e venenosos para a nossa saúde. Muitos dos métodos de construção do mundo moderno criam mofo e umidade e outras condições, como a síndrome SAD (transtorno afetivo sazonal). A tinta das paredes contém VOCs (Compostos Orgânicos Voláteis), que nos envenenam. O formaldeído está em quase todos os materiais de construção, bem como em nossos móveis e revestimentos de piso. Nossas casas e locais de trabalho estão nos envenenando todos os dias.

Por favor, considere também os efeitos das redes Wi-Fi em nossos corpos; O Wi-Fi emite frequências eletromagnéticas em nossas casas, interrompendo o funcionamento de nossos órgãos internos. Mas isso não é o pior.

Cada vez que você mora em um prédio que foi escavado na rocha, como cavar um porão no solo ou revestir o prédio com pedra, a rocha emite radônio para dentro do prédio e causa câncer. Ao viver perto de postes de electricidade, o radão torna-se muito pegajoso, acelerando o aparecimento de tumores cancerígenos no nosso corpo. Esta informação é conhecida no mainstream há mais de trinta anos, mas o mundo continuou a construir usando este método. Esses edifícios deveriam ser demolidos.

A agenda das alterações climáticas

Nos últimos quatro anos, fui censurado e banido nas redes sociais, tanto que você provavelmente não leu nenhuma das minhas postagens ou assistiu a nenhum dos meus vídeos. Para aqueles que o fizeram, você pode ter acreditado que eu era algum *'negacionista das mudanças climáticas'*. Isso não é verdade. Ainda não estudei os dados, mas sei que é fácil alguém manipulá-los para fornecer a resposta exata que você deseja que as pessoas vejam.

Há também o viés de confirmação, onde nosso cérebro sempre encontrará evidências para apoiar nossas crenças sobre um determinado assunto, por isso, se sofremos uma lavagem cerebral pela mídia, filmes e outras campanhas de relações públicas para ter certas crenças sobre um tópico, nosso cérebro irá procurar evidências para confirmar essa crença.

O que não gosto na narrativa das alterações climáticas é a forma como um bando de burocratas me diz que tenho de viver de uma determinada maneira, que tenho de pagar muitos impostos e taxas de carbono adicionais ocultos, e estes parasitas ladrões voam para a Suíça para um destino *'Cimeira sobre Mudanças Climáticas'*, cada um voando em seus jatos e helicópteros particulares, pagos pelo contribuinte. Em Davos, na Suíça, todos os anos, durante algumas semanas, há mais de 300 jatos estacionados num campo de aviação, transportando burocratas que mentem para nós e nos instruem *'pessoas normais'* que devemos reduzir a nossa pegada de carbono. A ironia é irreal.

Entretanto, estes burocratas recebem riquezas incalculáveis daqueles gatos gordos corporativos, que beneficiam quando as pessoas cumprem as mais recentes "medidas de redução de carbono". Estou falando do tipo de empresa que consegue aumentar seus preços, utilizando *'impostos sobre carbono'* como desculpa. Esses fabricantes corporativos criam tecnologias energéticas, como painéis solares, baterias e veículos elétricos, enquanto desfilam sob esta campanha de relações públicas chamada *'sustentabilidade'*.

Eles não se preocupam com a sustentabilidade; trata-se de encher os bolsos com o seu dinheiro. É uma grande fraude fiscal.

A raça humana estará em apuros se não mudar seus hábitos? Sim. Vejam as vastas crateras que estão a ser criadas na terra para desenterrar alguns metais preciosos, tudo para alimentar a ganância de um pequeno grupo de pessoas. Quem se beneficia com a mineração desses metais raros e preciosos?

Você percebeu que provavelmente existem mais diamantes no mundo do que barras de chocolate? Só que você não os vê porque os proprietários das minas de diamantes, como a família Oppenheimer, guardam todos os diamantes em cofres para evitar que inundem o mercado. Eles são tão raros quanto um grão de areia.

Mas enquanto as pessoas continuam a pagar quantias exorbitantes de dinheiro por estas coisas, estas famílias governantes continuarão a escavar a terra, deixando estas vastas crateras no seu rasto. Eu recomendo que você assista a um filme chamado *'Diamante de Sangue'*. Isso pode mudar sua opinião sobre a indústria de diamantes. A cor da pedra pode mudar, mas o mesmo permanece verdadeiro. É tudo para o benefício de alguns parasitas gananciosos. Você já está começando a notar um tema?

Muito *'lavagem verde'*, *'lavagem de carbono'*, ou *'lavagem de sustentabilidade'* está sendo cogitado. Ainda assim, a maior parte é apenas uma desculpa para vender mais, aumentar os preços ou fingir que alguns são melhores que outros, com toda a sua sinalização de virtude. Vender mais coisas que você nunca precisou *'Salve o planeta'*. É o mesmo manual com uma capa diferente.

Pergunte à maioria das pessoas que promovem isso *'sustentabilidade'* narrativas sobre o que significa sustentabilidade e não saberão a verdadeira resposta. Provavelmente dirão que se trata de reduzir as emissões de carbono ou alguma outra besteira desse tipo. Um processo ou sistema sustentável cria mais do que consome sem prejudicar outros sistemas.

Governo

Até aos últimos anos, a maioria das pessoas acreditava que apenas os países em desenvolvimento de África tinham governos corruptos. Nos últimos anos, também vimos quão corruptos são os nossos governos ocidentais. Eles premiam *'favores especiais'* para seus amigos e criar *'licença'* esquemas para que suas famílias possam reivindicar milhões em *'dinheiro livre'*.

Eles premiaram *'faixa rápida'* contratos no valor de centenas de milhões para os seus pares na Câmara dos Lordes. Tivemos os chefes do governo transmitindo ao vivo na TV ameaçando vacinações forçadas, o que, é claro, beneficiou seus companheiros parasitas na indústria farmacêutica. Espero que essas pessoas aproveitem sua confortável cela de prisão, quando perceberem o quanto foram ferradas. O dinheiro valeu a pena?

Qualquer pessoa que ainda acredite que precisa de outra pessoa para tomar decisões em seu nome deve ter cuidado com quem atribui essa responsabilidade. Outra pessoa pode pagá-los generosamente para tomar decisões que não atendem aos seus melhores interesses.

Seu político local, Jimmy, o ex-merceeiro de sua rua principal, nunca terá a menor chance de estar dentro daquele círculo interno que controla as ações do partido político. Tudo foi projetado desta forma. Você não pode resolver o problema votando em uma gravata de cor diferente. São apenas dois lados da mesma moeda. Para aqueles que acreditam que podem representar algum local indefinido *'festa da liberdade'*, pergunte-se se você pode fazer a diferença e ter muita esperança de formar um governo.

Em primeiro lugar, no Reino Unido, é necessário ter 600 deputados locais concorrendo nos seus círculos eleitorais locais, gastando milhões para divulgar a sua história política ao público. Caso contrário, a sua chance de formar um governo é quase zero. Nesse caso, você deseja mudar o sistema ou é um exercício para se destacar? Quando você vota em Jimmy, você está votando para manter os parasitas corruptos em ação.

Em latim, *'Governo'* significa *'Controle a mente'*. Vivemos num mundo onde o governo controla as nossas mentes, apresentando-nos todos os tipos de percepções sobre como as coisas são para que nos possa controlar. Um voto em qualquer governo é um voto A FAVOR do governo. Qualquer forma de governo tradicional não é do interesse do povo.

Educação

Um sistema onde enviamos nossos filhos para campos de prisioneiros por vinte anos para que possam aprender como ser escravos e robôs submissos. Imagine um mundo onde estamos sentados em uma sala de aula memorizando bobagens irrelevantes nas quais nunca mais pensaremos ou precisaremos novamente.
O sistema educacional atual está tão distante do mundo real que é incompreensível como aceitamos que fosse aceitável nos ensinar essas bobagens.

Depois de cumprir a primeira parte da pena de prisão, que chamamos de ensino médio, nos voluntariamos para uma segunda pena, onde acumulamos dívidas enormes enquanto memorizamos mais porcarias irrelevantes que nunca usaremos no mundo real. Coisas estúpidas como referenciar corretamente um ensaio usando o *'formato de referência aprovado por Harvard'*. Você já ouviu tantas besteiras como essa antes?

Se você é formado em universidade, provavelmente nunca questionou isso. Bem, agora estou aqui para questionar isso para você e trazê-lo à frente de sua consciência para que você também possa perguntar por quê.

Agora, cito este exemplo porque enquanto não frequentava a universidade, em 2007, iniciei um curso universitário a distância. Depois de passar dois meses estudando um assunto a cada hora do meu tempo livre, à noite e nos finais de semana.

Enviei minhas duas primeiras avaliações para classificação. O professor os devolveu imediatamente e ambos foram classificados como *'falhar'*. Ele foi reprovado porque eu precisava referenciar corretamente as redações no formato aprovado por Harvard. Veja, o sistema não se importou com o que eu escrevi naquelas redações; o palestrante me disse que o conteúdo estava correto, mas ele foi reprovado nas redações porque o sistema se preocupa mais com o meu cumprimento do que com o fato de ser correto e factual.

Depois de estar livre do sistema escolar por mais de dez anos, eu não estava disposto a voltar a ser compatível, então disse a eles para enfiar o curso na bunda.

Veja meu sobrinho como outro exemplo; assim como eu e muitas outras pessoas, ele não é adequado para o sistema acadêmico, um sistema onde somos recompensados por quão bons somos em memorizar e regurgitar bobagens irrelevantes, e então seu tempo no ensino médio tem sido uma luta no que diz respeito a conseguir *'bom'* notas. Em uma de suas aulas de matemática, ele reclamou que não conseguia entender como fazer. Para punir a sua falta de compreensão, prenderam-no. É claro que isso não resolveu o problema; ele ainda não entendia como fazer isso.

Seu exemplo de trabalho em sua aula de matemática foi chamado de fração invertida. Se você é como eu e nunca viu um antes, provavelmente perguntará para que diabos essas coisas são usadas no mundo real. Saí da escola há 30 anos e nunca vi uma fração invertida no meu tempo de escola; Nunca vi um desde que saí da escola, nem encontrei nenhuma oportunidade no mundo real onde pudesse usar um. Tudo o que posso imaginar é que este material foi criado por um *'boffin de ponta de sino'* para fazê-los se sentirem inteligentes. É uma pena que não tenham dedicado a vida a criar algo que valha a pena.

Há uma razão pela qual 99% das pessoas mais bem-sucedidas abandonaram a escola sem qualificações. É uma correlação direta. É porque eles não conseguiram compreender o sistema inútil de conformidade, aprendendo coisas que não tinham conexão com o mundo real. Eles não se tornaram dependentes de lixo irrelevante para que pudessem funcionar na vida real. Eles mantiveram sua capacidade de pensar por si mesmos.

A razão

A um nível espiritual, o universo orquestrou certos eventos para nos mostrar como estes sistemas não nos servem e para libertar a humanidade da sua existência e mentalidade de homem das cavernas.

O sistema tem sido assim há séculos para manter as pessoas operando neste nível de sobrevivência, mantendo-as no modo reativo de luta ou fuga. Isso os mantém presos em um nefasto ciclo de dívidas, acorrentados a um trabalho que odeiam, desconectados de seu propósito e vivendo em um estado de depressão, pois sua alma anseia por algo mais de sua existência, tudo para manter a necessidade de seu ego de se apegar a esses objetos brilhantes. Para os não iniciados, isso soa como divagações malucas de um louco. Ainda assim, se você está lendo este livro, sua alma ressoa com ele em algum nível.

Desde o nascimento, somos alimentados por um fluxo constante de lavagem cerebral, que nos diz que *'precisar'* este ou aquele item para nos sentirmos sexy, bem-sucedidos, bonitos, desejados, parte da tribo, completos, etc. Precisamos daquele novo BMW série 3; precisamos daquela casa suburbana com cerca de estacas brancas, com seus quartos minúsculos e zero personalidade. O mesmo se aplica a carros, casas, feriados, telefones celulares ou carrinhos de bebê de grife. Se não tivermos estes *'coisas'*, nosso círculo social pode pensar menos de nós.

Dizem-nos que devemos viver nossas vidas seguindo um caminho específico. Devemos ir para a escola e aprender a obedecer às figuras de autoridade, depois ir para a universidade e memorizar informações que nunca precisaremos para um trabalho que não existirá em dez anos, sendo eventualmente substituído por robôs e automação.

Deveríamos nos casar e ter dois filhos, comprar os mais recentes aparelhos, comprar uma casa no subúrbio, ir assistir futebol no sábado, beber e nos divertir todo fim de semana - afogando nossas mágoas por uma vida que odiamos, mas da qual não temos saída. , algemados pela dívida que assumimos, pela vida que pensávamos que queríamos. Deveríamos trabalhar das 9 às 5 pelo resto de nossas vidas miseráveis e depois nos aposentar, vivendo na pobreza, esperando a morte.

Disseram-nos para poupar para um dia chuvoso, adiando *'vida'* até à reforma porque viajar pelo mundo é para reformados idosos. O único problema com essa premissa é que, quando nos aposentamos, nossas articulações ficam tão frágeis que é difícil sair da cama, muito menos escalar uma montanha. Qualquer pessoa que escolha uma vida que não corresponda exatamente a todas as partes deste manual é ridicularizada pela sociedade, vista como um fracasso ou um fracasso. *'esquisito'* por não seguir a norma.

Este caminho é apresentado apenas como *'normal'* porque isso o sobrecarrega com as algemas da dívida. Se você tiver dívidas, deverá reembolsar o dinheiro emprestado para manter esse estilo de vida brilhante. Mais importante ainda, se você está em dívida com alguém, é fácil de controlar, seja você um indivíduo, uma empresa ou um país inteiro.

Conclusão

Numa sociedade utópica, todos poderiam ter acesso ao capital para assumir um projeto e iniciar ou expandir um negócio. Ninguém viveria nas ruas e todos teríamos os recursos de que necessitamos: comida, água, abrigo, um lugar para viver, acesso a capital, energia e, o mais importante, um propósito.

A percepção de ter acesso ao dinheiro nos limita e nos controla como população. Aqueles que controlam a oferta monetária criam-na do nada. São apenas números em uma tela. Para saber mais sobre isso, analise a fraude que eles chamam *'reserva bancária fracionária'*. Se eu criasse minhas próprias notas e moedas, dizendo às pessoas que era dinheiro, eu seria jogado na prisão, mas esse bando de mafiosos faz isso, e as pessoas simplesmente deixam.

Para que a raça humana escape ao modo de sobrevivência, devemos mudar colectivamente da percepção para a realidade, porque é assim que eles nos controlam. Você percebe que os sistemas deles servem aos seus interesses mais elevados e melhores, mas a verdade é que eles existem apenas para controlá-lo.

O que você dirá aos seus netos quando eles perguntarem qual o papel que você desempenhou durante *'O Grande Abate'* do século 21? Para a maioria, a resposta provavelmente será: *'Oh, bem, crianças, a razão pela qual sua vida é tão lixo, a razão pela qual você é um escravo do sistema, é porque ficamos parados e deixamos isso acontecer. Alguns malucos gritavam sobre o quão corrupto era o governo, mas nós apenas zombamos e ridicularizamos eles. Gostaríamos de ter prestado mais atenção e ajudado-os a mudar as coisas; ah, bem, azar, crianças; você pode viver em um mundo que criamos através da nossa inação contra aqueles que o escravizam agora.*

Veja o *Senhor dos Anéis* trilogia de filmes. Você provavelmente se lembrará do pequeno *'Golem'* personagem se você já viu. Foi ele quem seguiu os hobbits, tentando roubar o anel deles. Embora você acreditasse que tudo era apenas ficção, o *Senhor dos Anéis* A história reflete a jornada humana pela vida. Estamos caminhando para a batalha final entre o bem e o mal, exatamente como os hobbits tiveram que enfrentar no final de sua missão. Golem representa os parasitas gananciosos que farão de tudo para coletar mais moedas. Não há nenhum propósito para eles fazerem isso além de coletar o máximo de moedas possível.

Você pode pensar que prefiro o socialismo e sou anticapitalista. Este não é o caso. O socialismo nunca será bom para a humanidade. Entregar mais dinheiro e poder àqueles que criaram o problema não é a saída para esta confusão. É necessário que haja uma rápida mudança na forma como recompensamos a criação de valor.

Nesta parte do livro, destacamos alguns dos problemas significativos dos sistemas parasitas que governam o mundo. Se você se sentir atraído a descer por qualquer uma dessas tocas de coelho para aprender mais sobre o problema, eu o encorajo a fazer isso. Passei muitos anos imerso na análise do problema, mas agora estou focado em criar a solução. Estou mais interessado em criar uma maneira melhor para a raça humana prosperar fora desses sistemas parasitas, para que meus filhos e aqueles que os seguem possam ter um mundo melhor do que aquele em que vivemos hoje. Um lugar onde os cidadãos não tenham que se preocupar em ter um lugar para morar, se preocupar se terão condições de ligar o aquecimento, ficarem constantemente doentes por causa dos alimentos que consomem ou fazer um trabalho que odeiam, acorrentados a uma montanha de dívidas . Na segunda parte, compartilharei nossa visão para um futuro melhor e um plano para ajudar todos a chegar lá.

Acho que Michael Jackson cantou: 'As crianças são o nosso futuro, deixe-as brilhar e deixe-as mostrar o caminho'. As crianças são a raça humana. Mas se não estivermos dispostos a mudar nada, sinto pena dos filhos que virão depois de você. Só posso rezar para que essas gerações futuras tenham um pouco mais de coragem e lutem por isso do que as gerações vivas hoje.

Tudo o que vejo é uma nação de pessoas patéticas, fracas e débeis, felizes em virar-se em favor de seus *'vida confortável'*. Não é hora de você desenvolver coragem e se levantar contra as mesmas pessoas que tentam ferrar você? Caso contrário, sugiro que você se incline e lubrifique, porque você terá uma jornada difícil.

Para aqueles poucos que estão prontos para mudar as coisas, compartilharei minhas reflexões iniciais sobre uma estrutura para mudança. Chamo isso de Estrutura da Liberdade, uma estrutura para um futuro melhor.

Parte dois

Estrutura para um futuro melhor

O *'economia circular'* conceito entrou recentemente na narrativa dominante. O problema com esta solução proposta é que ela parece concentrar-se fortemente na reutilização do lixo de outras pessoas – a ideia é evitar o aterro, entregando-o a outra pessoa.

Essa é uma ótima ideia se alguém quiser ou precisar. Não há nada de errado com essa ideia, mas ela apenas analisa um pequeno pedaço de um sistema quebrado. É encarar o consumismo em massa como o culpado por todos os problemas do mundo.

Passar nossos itens indesejados para outra pessoa empurra o problema para o futuro. Se eu doar minhas roupas velhas, preciso comprar mais roupas em outro lugar e, como esses itens não duram para sempre, em algum momento, preciso comprá-los novos. Em algum momento no futuro, os itens que dei ficarão desgastados. Eventualmente, eles irão para o aterro sanitário, portanto não se trata de uma economia circular.

Numa economia circular sustentável, essas calças velhas durariam para sempre ou seriam reaproveitadas em algo completamente diferente, que duraria para sempre ou mais tarde seria reaproveitada novamente. Sua utilidade nunca morreria.

Nesta secção, quero partilhar uma visão para uma verdadeira economia circular, uma forma sustentável de viver, gerir o nosso negócio e prosperar na nossa comunidade. Eu chamo isso de estrutura para um futuro melhor. O FREEDOM Framework™ é uma metodologia de sete etapas.

Fórmula: A Fórmula está focada no modelo de negócios geral para a mudança e para atingir o objetivo do nosso plano.

Raiz: Root está focado nos fundamentos da nossa sociedade e no que é necessário para fazê-la funcionar.

Intercâmbio: A troca se concentra no que percebemos como nosso *'economia'* e formas alternativas de trocar valor.

Energizar: Energizar significa atrair os recursos financeiros necessários para dar vida ao seu plano diretor.

Projeto: O design está focado nas partes necessárias dentro de uma estrutura comunitária para torná-la um sucesso.

Otimizado: Otimizado trata da infraestrutura e das peças que entram em nossa comunidade, desde os serviços de energia até os edifícios físicos

Mortal: Mortal é sobre o Humano e a construção de nosso corpo em uma imagem de saúde

Fórmula

Este capítulo examinará um modelo alternativo de vida – um modelo de negócio que possa satisfazer todas as nossas necessidades, ao mesmo tempo que cria oportunidades para milhões de pessoas em todo o mundo e as tira da pobreza.

Há cerca de doze meses, assisti a um vídeo sobre alguém que construiu uma escola em Uganda e o quanto isso impactou a população local. Junto com a construção de uma escola, eles também construíram um orfanato e criaram um abastecimento de água doce.

Algumas crianças não tinham sapatos; eles andavam descalços pela selva. Então eles deram sapatos novos para todos também. No final daquele vídeo de dez minutos, eu estava chorando incontrolavelmente, mas não tinha ideia do porquê. Cada vez que eu via o quanto as pessoas estavam gratas por terem sido ajudadas, eu sentia outra explosão de emoção. Eu sei que é nisso que devo trabalhar. Eu sabia que esta era a resposta para a pergunta que venho procurando há vinte anos, a razão pela qual fui colocado neste planeta. Mas deixe-me retroceder um pouco para contextualizar como chegamos aqui.

Em 2007, fiquei interessado em ajudar os menos afortunados. Eu não sabia o quê, quem ou onde na altura, mas neste caso, estava a ajudar crianças no Gana. Quando me deparei com a história deles, algo despertou um sentimento que não consigo explicar: uma sensação de emoção intensa. Foi um momento da minha vida em que me senti perdido.

Deve haver uma razão mais significativa para eu estar neste planeta, além da existência da roda de hamster. Embora eu gostasse do meu papel em nosso negócio, a ideia de que continuaria fazendo a mesma coisa até morrer parecia inútil.

Desde 2002, eu acreditava que deveria haver um propósito ou uma razão maior para existirmos, mas não sabia qual era esse propósito, então estive procurando por ele desde então.

Estou tentando lembrar como isso aconteceu. Mesmo assim, entrei em contacto com uma instituição de caridade que renovou escolas no Gana. Segundo a instituição de caridade, essas crianças estudavam em prédios que estavam desmoronando. Havia buracos no chão, buracos nas paredes, buracos no telhado. Assim que vi, tive essa conexão emocional dentro do meu coração, sabendo que estava destinado a estar envolvido. Soube imediatamente que, com a minha experiência na indústria da construção, construção e renovação de edifícios, poderia causar um impacto significativo nestas pessoas muito rapidamente.

A instituição de caridade estava aceitando voluntários para fazer os reparos. A maioria dos voluntários eram estudantes do ano sabático. Ainda assim, com a minha experiência combinada em construção e negócios, pensei imediatamente que poderia transformar a forma como esta instituição de caridade funcionava para causar um impacto mais significativo. Cada voluntário pagou £8.000 por semana, o que cobriu o custo de compra de materiais de construção, comida, água e alojamento com uma família local no Gana.

O custo foi alto. Estive na indústria da construção toda a minha vida e sei que os materiais de construção não custam tanto, especialmente nos países em desenvolvimento. Minhas conversas com o cara que dirigia a instituição de caridade me levaram a concluir que a coisa toda era uma farsa destinada a pegar o público rico do ano sabático.

Com algum pesar, deixei a ideia em segundo plano, pois não encontrei nenhuma outra organização com os mesmos objetivos.

Avançando quinze anos para 2022, tive a ideia de converter uma propriedade de 1.000 acres na costa sul da Inglaterra em um hotel resort cinco estrelas e vila privada. Foi um projeto de £ 100 milhões;

Eu tinha todas as peças preparadas para que isso acontecesse: o dinheiro, a operadora e o terreno; as únicas peças que eu não tinha eram as pessoas para entregar o projeto. - o arquiteto, a construtora, etc. Todas as empresas com quem conversei disseram que não estavam interessadas, *'não trabalhamos com novos clientes'*, ou *'volte em doze meses, estamos muito ocupados'*. Na época, isso me frustrou muito. Tenho experimentado esta atitude por parte de empreiteiros no Reino Unido há três décadas, mas esta foi a pior de sempre. A atitude em relação às oportunidades no Reino Unido é um tema para discussão noutro livro, mas isto significou que o projecto proposto não poderia prosseguir. Agora acredito que essa foi a maneira que o universo encontrou para me empurrar para o caminho correto — o caminho em que me encontro agora.

Todos nós queremos prosperar na vida, mas poucas pessoas o fazem. A maior parte da economia mundial é controlada pelo setor corporativo. Você compra comida em supermercados, viaja em transporte público ou compra veículos e combustível de grandes corporações. Cada vez que compramos alguma coisa, enviamos o nosso dinheiro para fora da economia local; a partir daí, nunca mais volta.
Somente quando esse dinheiro continuar a circular na economia local poderemos prosperar.

Você pode argumentar que essas entidades corporativas, sediadas a milhares de quilômetros de distância, empregam pessoas locais. Isso é ótimo, mas esses funcionários geralmente recebem um salário mínimo. Se você se aprofundar, verá que a renda real desses trabalhadores, também considerando impostos e outras deduções, é inferior a 5% do dinheiro que você gastou com aquele negócio. Este é um retorno pobre para a sociedade.

Esses trabalhadores então compram ou alugam uma casa e, em algum lugar dessa cadeia imobiliária, há uma grande chance de que haja uma construtora corporativa que a criou. Eles comprarão um carro de um fabricante global. Eles compram energia de uma empresa internacional de energia. Eles assumirão dívidas, hipotecas, empréstimos para automóveis e cartões de crédito, pagando quantias exorbitantes de juros a corporações mundiais. O sistema foi concebido para retirar dinheiro da economia local porque isso cria a necessidade de pedir ainda mais empréstimos.

Não pense que sou inocente em todo esse jogo nem por um segundo. Estive em todos os lados deste debate: o consumidor, o mutuário e a empresa. Durante grande parte da minha carreira, concentrei-me em agir de forma contrária ao modelo que discutirei mais tarde. Em nosso primeiro negócio, uma empresa de contratação com sede na Escócia, Reino Unido, assumimos contratos que ficavam a centenas de quilômetros de distância do escritório onde estávamos. Na maioria das vezes, os funcionários viajavam de outra área para atender esses contratos. Depois disso, construí um negócio de energia renovável, que se tornou a maior empresa de biomassa do Reino Unido, entregando novamente contratos a nível nacional, mas com sede no norte da Escócia, a centenas de quilómetros do cliente. O universo me levou por esse caminho para me conscientizar do quanto o processo foi prejudicial para as economias locais.

Eu nunca poderia falar sobre isso se eu mesmo não tivesse vivido os dois lados.

Algumas pessoas não gostariam que eu dissesse isso, mas a caridade não funciona. Não é sustentável. Se eu doar um milhão de libras para caridade, quando acabar, acabou. Esse dinheiro terá impacto na vida de alguém, mas quando o dinheiro acaba, desaparece para sempre. Para causar o mesmo impacto novamente, precisamos encontrar outra pessoa que pegue mais um milhão de libras e faça o mesmo novamente. Eventualmente, o dinheiro é totalmente gasto. É um jogo de soma zero; nunca mais volta.

A caridade também cria uma economia de confiança, ou mentalidade de confiança, onde uma pessoa se torna dependente de outra para suas necessidades. Mas o que acontece quando esse fornecedor não consegue mais fornecer?

Uma das minhas habilidades é imaginar diferentes modelos de negócios para operar um negócio, então esse problema me fez pensar. Este foi apenas um problema de modelo de negócios. Eu precisava criar um modelo que não fosse um jogo de soma zero. Eu precisava imaginar um modelo que gerasse renda recorrente sem depender de uma pessoa para doar o dinheiro.

Na altura em que atingi o meu pico de frustração em 2022, comecei a ver cada vez mais provas e notícias de países africanos, apesar, na altura, de ter rejeitado completamente África como um lugar onde deveria ir para um projecto empresarial. Falei com um expatriado etíope que vive no Reino Unido, que sugeriu que eu investisse em projetos na Etiópia. Nunca considerei a Etiópia como uma potencial oportunidade de negócio, principalmente por causa da lavagem cerebral dos meios de comunicação ocidentais. Comecei então a receber muitas pessoas aleatórias de África que me enviavam mensagens nas redes sociais, perguntando se eu poderia patrocinar a sua educação para que pudessem terminar os estudos.

Eu via vídeos no meu feed de notícias do YouTube sobre incentivos ao investimento para vários países africanos, apesar de nunca ter pesquisado por eles. Foi nesse ponto que finalmente comecei a investigar mais profundamente.

Na mesma época, eu também estava pesquisando formas alternativas de vida. Comunidades alternativas e vida fora da rede, então comecei a pensar se poderia construir uma comunidade alternativa fora da rede em África.

Eu pesquisei as comunidades já em construção. Ainda assim, eles sempre sentiram que, ao ingressar em uma dessas comunidades, eu estaria sacrificando confortos básicos. Imaginei pendurar minha roupa para secar nos galhos das árvores e viver como *'pessoas da árvore'*. Em vez da ideia de regressar à natureza, estas comunidades levaram a ideia ainda mais longe; parecia mais voltar a ser um homem das cavernas. Isso é diferente da minha ideia de viver em um *'comunidade alternativa'*. Por que viver fora dos sistemas convencionais significa sacrificar o conforto?

Ao pesquisar comunidades alternativas, não conseguia me imaginar morando lá. A ideia de todos sentados ao redor de uma grande mesa de jantar, cozinhando as refeições uns dos outros, vivendo nos bolsos uns dos outros, não combinava com meu pensamento. Não acredito que as primeiras pessoas que imaginaram este conceito tenham vivido em estreita proximidade com as pessoas durante um longo período de tempo. Por esta razão, penso que muitas destas comunidades não terão sucesso a longo prazo.

As pessoas são muito diferentes. Mesmo as pessoas com os mesmos interesses hoje irão distanciar-se no futuro, sendo forçadas a viver em estreita proximidade, cozinhando a comida umas das outras e vivendo do bolso umas das outras, embora possa parecer uma ideia excitante a curto prazo, não terá sucesso. não sobreviverei à futura divisão.

 Ouvi falar de pessoas que se juntaram a essas comunidades para passarem lá o resto das suas vidas, apenas para partirem menos de dois anos depois.

Sinto-me atraído por viver em uma ilha particular, longe das pessoas. Não quero desrespeitar ninguém, mas estar encolhido em volta da mesa de jantar me dá arrepios. Prefiro ficar isolado, com apenas um pequeno grupo ao meu redor. Preciso do meu espaço pessoal. Então, comecei a pesquisar condomínios fechados mais tradicionais e encontrei uma empresa que constrói condomínios independentes de alto padrão para celebridades importantes. Estas comunidades têm instalações dedicadas nas aldeias e guardas de segurança armados em cada portão. As propriedades nessas comunidades normalmente são vendidas entre £ 10 milhões e £ 25 milhões.

Ainda assim, suponha que você seja uma estrela de cinema de Hollywood ou um ex-presidente e queira privacidade. Nesse caso, esse tipo de comunidade é perfeito.

Embora uma comunidade como esta seja excelente, ela também tem uma desvantagem. Acarreta custos de funcionamento elevados, o que remete ao que dissemos anteriormente sobre a redução desse compromisso financeiro a longo prazo. O custo de manutenção destas aldeias privadas de 500 acres, juntamente com todas as instalações e pessoal, é dividido entre 400 casas na aldeia, o que significa que cada proprietário paga mais de £50.000 anualmente em taxas.

Embora eu tenha descoberto o tipo de comunidade que atenderia às minhas necessidades pessoais, o modelo geral não funcionou como planejei. Entendo perfeitamente por que o conceito que compartilho aqui não funcionaria em suas comunidades.

Um veículo com fins lucrativos

Existe um conceito que parecerá estranho para a maioria.

'Toda a sua renda deve ser investida na fonte para fornecer retornos que paguem suas despesas de subsistência.'

Suponha que você calcule suas despesas de subsistência em £ 100.000 por ano. Assumiremos um retorno médio sobre nossos investimentos de 10%. Sem considerar os impostos, se as nossas despesas de subsistência forem de £100.000 por ano, com um retorno médio de 10%, investiríamos £1.000.000 em activos que geram esse retorno de 10%. Posteriormente, isso pagaria nossas despesas de subsistência. Mais importante ainda, ainda teríamos o capital original de £ 1.000.000, distribuído por vários investimentos, e esses retornos continuariam fluindo para nós todos os anos daquele ponto em diante. Agora que entendemos esse conceito, vamos nos aprofundar.

O problema que estamos tentando resolver aqui é ajudar a população local. A razão original para fazer isto foi usar os negócios como um veículo para ajudar as pessoas nos países em desenvolvimento a saírem da pobreza. Estamos criando oportunidades, criando empregos e proporcionando acesso ao capital. Criar uma via para atrair capital de fora da área e criar activos investíveis que gerem lucro, que, depois de proporcionarem elevados retornos aos investidores, possam ser reinvestidos na melhoria dos padrões de vida da comunidade indígena local. Criar um desenvolvimento de aldeia privado é o ponto de partida perfeito para fazer isso.

Mas e se construíssemos também um hotel resort cinco estrelas dentro de um condomínio fechado? Isto criaria empregos para a população local, uma oportunidade de investimento viável para investidores estrangeiros e atrairia pessoas que desejam comprar para um condomínio fechado. Um resort de luxo cinco estrelas traria turistas que gastam muito para a região.

Por que parar aí? Para criar um resort cinco estrelas, é necessário todo um ecossistema de suporte de diferentes tipos de negócios e conjuntos de habilidades. Construir um hotel e uma vila privada requer todos os negócios relacionados à construção. Quando concluído, terá impacto em muitas outras indústrias, desde prestadores de formação a empreiteiros, empresas de lavandaria, fornecedores de alimentos e atrações turísticas. A lista não tem fim. Além de investir na criação de resorts hoteleiros, e se investirmos também em todo o ecossistema de apoio, ajudando cada negócio a crescer, desenvolver e entregar outros contratos em toda a área?

Para ser claro, investimos nestes ativos, que atraem capital estrangeiro. Este modelo cria emprego local, gera lucro, proporciona um excelente retorno aos seus investidores, e os restantes retornos do investimento pagam os custos de funcionamento da comunidade, juntamente com o apoio à comunidade indígena local, construção de escolas e instalações de saúde, fornecimento de fontes de alimentos e água, que de outra forma seriam deixados à caridade.

A criação deste ecossistema cria um emprego e uma boa fonte de rendimento para cada membro das comunidades indígenas locais. Dá-lhes uma fuga da pobreza, o que significa que já não precisam de esmolas ou de caridade para sobreviver. Trata-se de usar a nossa experiência empresarial para criar oportunidades para as pessoas, empacotar essas oportunidades para atrair investimento estrangeiro e, em seguida, usar os lucros excedentes para pagar a manutenção da comunidade privada, melhorando ao mesmo tempo os padrões de vida da comunidade indígena.

Voltaremos ao ponto onde iniciamos esta conversa em torno do conceito de economia circular. A única forma de o nosso modelo funcionar é trazer dinheiro de fora da comunidade através de investimento. Fazemos isso oferecendo oportunidades de investimento atraentes na comunidade privada da vila, no resort hoteleiro e em outras empresas locais. Depois que o capital estiver instalado, devemos usar apenas empresas locais que empreguem pessoas locais, tanto quanto possível. Idealmente, isso se concentraria nas empresas locais nas quais investimos.

Na verdade, esta é a versão romântica do modelo. Ainda assim, na vida real, nunca poderíamos satisfazer 100% das nossas necessidades a partir do nosso ecossistema local. Por exemplo, um resort cinco estrelas precisa de uma equipe de chefs cinco estrelas para preparar a comida. É duvidoso que estes possam ser provenientes da comunidade indígena local.

Da mesma forma, o hotel e outras empresas podem necessitar de comprar determinados produtos ou serviços externos ao ecossistema, tais como serviços de consultoria ou alguns produtos manufaturados. Estes custos devem ser tratados como investimentos, esperando gerar retornos muito superiores aos que custam. Esta é a verdadeira economia circular. Uma verdadeira economia circular é aquela em que tudo permanece dentro do ecossistema e onde se torna sustentável através do design. Esta é a verdadeira sustentabilidade.

Este modelo pode ser adaptado e utilizado em qualquer escala – desde a sua vida pessoal até à sua empresa, comunidade local ou país. Embora eu tenha concentrado o modelo nas nações em desenvolvimento da África, ele também pode ser usado como um sistema alternativo nas nações desenvolvidas.

O meu foco particular está nos países do mundo em desenvolvimento porque estes possuem uma atitude muito melhor em relação às oportunidades a um nível lógico. A nível emocional, as pessoas nestes países desencadeiam aquela resposta emocional dentro do meu corpo, que mencionei anteriormente.

Como demonstraram as minhas histórias anteriores, as empresas no Reino Unido encontram desculpas para NÃO fazer as coisas. No entanto, descobri que as pessoas nos países em desenvolvimento tendem a ter uma *'encontraremos uma maneira de fazer isso'* atitude, assim como eu.

Tudo o que é discutido neste capítulo é baseado em uma *'Lucro para Propósito'* modelo. Lucro para fins é criar um veículo que possa atrair investimentos e usar esse investimento para gerar receita e lucro de um empreendimento comercial. Depois de reembolsar os investidores, os lucros excedentes são reinvestidos no *'propósito'*, investindo-os em outros projetos que conduzam ao objetivo principal. No nosso caso, o objectivo é tirar as comunidades locais da pobreza extrema.

Recebi algum ódio online desde que comecei a falar sobre esse modelo. Alguns dizem, *'Você está usando de forma oportunista mão de obra local barata para construir resorts cinco estrelas para poder obter megalucros'*. Nosso modelo está enraizado na causa e criamos esse modelo para tentar aliviar esse problema.

Mas para responder a quaisquer críticos que possam pensar da mesma maneira. Como sou do Reino Unido, vocês podem imaginar que se não utilizássemos pessoas locais para construir um resort, enviaríamos pessoas do Reino Unido.
O problema de fazer isso, sem considerar as restrições de visto de 30 dias, tornaria o projeto financeiramente inviável. Custaria mais do que valia o projeto finalizado. Pagamos voos, hotéis, alimentação e *'trabalhar fora'* taxas de pagamento. Isso significaria que o projeto nunca foi construído.

Para cada resort que construímos, cerca de £40 milhões são filtrados pela economia local. Se o projeto for uma vila privada, esse número está próximo de £ 100 milhões. Se utilizássemos funcionários e empresas do Reino Unido para entregar o projecto, nenhum destes investimentos afectaria sequer o sistema financeiro daquele país.

Ao utilizar o nosso modelo Profit-For-Purpose, estamos a investir quaisquer lucros futuros no ecossistema local mais amplo, estamos a investir na cadeia de abastecimento, estamos a investir nas escolas, estamos a investir no sistema educativo, estamos a investir Estamos investindo na produção local de alimentos, estamos investindo na criação de geração localizada de água e energia e, no longo prazo, estamos criando milhares de empregos para a população local através deste modelo. Se um projeto fosse financeiramente inviável, nada disso aconteceria. Sim, as taxas de mão-de-obra locais num país em desenvolvimento são muito inferiores às equivalentes no Reino Unido. No entanto, esse aumento dos lucros não está a regressar ao Reino Unido; eles estão sendo reinvestidos naquele ecossistema local. Este modelo também pode funcionar no mundo desenvolvido; temos que começar a pensar em um nível mais elevado de consciência.

Propriedade dos funcionários

Uma empresa é apenas um grupo de pessoas com um objetivo comum. Por que os envolvidos nesse negócio não deveriam ter participação nele? Não importa o que a empresa faça; o resultado é sempre o mesmo. Os funcionários que possuem parte do negócio sempre farão um pouco mais no atendimento ao cliente. Eles gastarão dinheiro como se saísse do bolso. Eles responsabilizarão os colegas por um padrão mais elevado e sempre pensarão em maneiras de melhorar as coisas.

Suponha que os proprietários de empresas queiram saber por que não conseguem encontrar pessoal confiável. Nesse caso, ainda não compreenderam que as pessoas já não querem trabalhar em benefício de terceiros enquanto recebem o mínimo necessário.

A propriedade dos funcionários não significa necessariamente que você tenha 67 funcionários latindo ordens e decidindo como o negócio funciona no dia a dia. Nada mudou muito nesse aspecto. Os diretores seniores da empresa definiram a direção conforme esperado. Ainda assim, em vez de manter o desempenho operacional privado, a equipa sénior atua no interesse de cada acionista.

Todos os anos, a empresa pode realizar uma reunião com todos os seus acionistas, onde poderão pedir ideias, feedback ou iniciativas para melhorar o negócio. Essas ideias são então implementadas ao longo dos doze meses seguintes.

Financiar a compra de ações pode ser um problema para as pessoas que trabalham em funções mal remuneradas no negócio, porque a maioria não tem grandes poupanças apenas paradas.

Cada funcionário deve comprar, em vez de apenas receber as ações, porque assim eles sabem que vale alguma coisa. Em vez de cada membro da equipe comprar ações em uma única compra, você poderia realizar uma recompra faseada uma ou duas vezes por ano. Eles poderiam comprar trabalhando com um salário reduzido por um período fixo, com o desconto salarial usado para comprar as ações. Os funcionários não precisam possuir uma grande porcentagem do negócio; a equipa fundadora e os investidores externos precisam de manter a participação maioritária, pelo que as ações dos funcionários poderão constituir apenas um conjunto coletivo de menos de 25% do capital total.

Embora tenhamos discutido o modelo de negócios geral para a criação de uma comunidade sustentável, nos capítulos seguintes examinaremos os sistemas funcionais dessa comunidade para construir um modelo sustentável em torno deles.

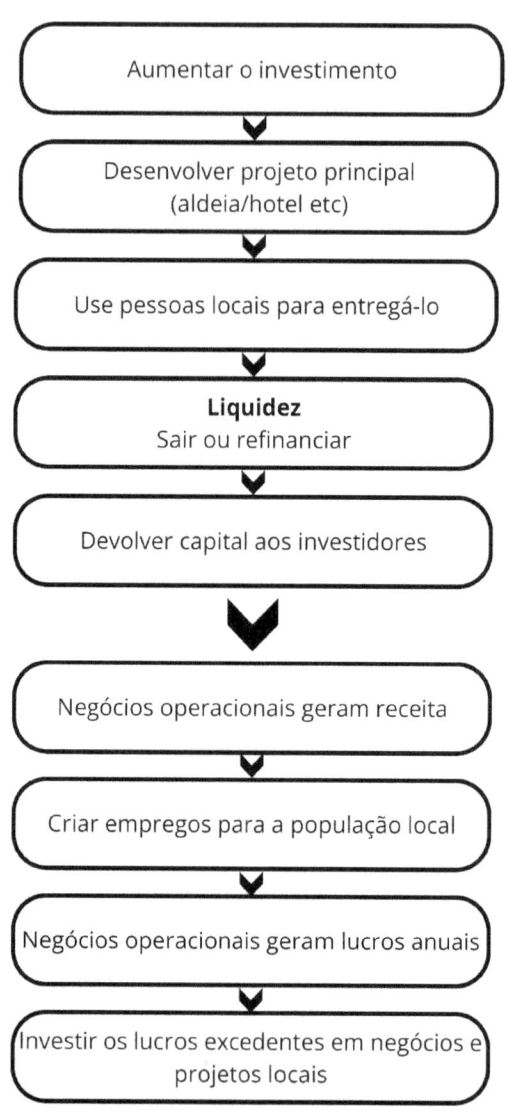

Raiz

Neste capítulo, examinaremos os fundamentos de cada sociedade e o que precisamos para redesenhar um sistema que beneficie as pessoas.

Acesso à oportunidade

Se olharmos para as zonas mais desfavorecidas, vemos o mesmo efeito, independentemente de onde estejamos. Se você não dá acesso a oportunidades, as pessoas recorrem a outras coisas que se tornam um prejuízo para a sociedade.

Crescendo na zona rural da Escócia nos anos 90, deixei a escola dois meses antes de completar 16 anos. Meus colegas geralmente seguiram o mesmo caminho que acontece nas áreas mais carentes. Uma pequena percentagem, talvez 10%, frequentou a universidade e deixou a área. 30% seguiram o caminho da aprendizagem e cerca de 30% aceitaram um emprego não qualificado. O resto estava desempregado. Esse grupo de pessoas ficava sentado em casa o dia todo; alguns se envolveram com drogas, mas muitos se envolveram no crime. Na nossa região, o vácuo da criminalidade foi engolido pelo tráfico de drogas. Morávamos a cerca de duas horas da cidade mais próxima e as pessoas estavam *'vendido'* na ideia de melhorar a sua posição na vida, transportando drogas da cidade e trazendo-as para as comunidades rurais.

Se estas pessoas tivessem tido acesso a oportunidades, oportunidades que lhes proporcionariam níveis de estilo de vida ou estatuto equivalentes aos das drogas, quantas pessoas você acha que escolheriam a rota do crime?

Os problemas da nossa sociedade hoje resultam da falta de oportunidades. Todas as oportunidades significativas do mundo são muitas vezes reservadas para aqueles que frequentaram uma universidade de elite ou para aqueles que pertencem a uma linhagem aristocrática. Por exemplo, suponha que uma criança queira competir nas Olimpíadas. Nesse caso, eles encontrarão muitos obstáculos para a seleção. Até o melhor atleta deve ser *'aprovado'* para participar do evento.

Um desses primeiros obstáculos é saber como entrar nessa área. Por onde eu começaria se sonhasse em chegar à corrida olímpica de 100 metros? Depois vem a falta de recursos e de dinheiro para apoiar essa jornada. Se você acompanhar a história de Michael Edwards, mais conhecido como *'Eddie, a Águia'*, saltador de esqui britânico dos anos 80, oriundo de uma típica família da classe trabalhadora, com pai estucador e mãe dona de casa, era visto como uma vergonha para o establishment, o que fez com que mudassem as regras, na tentativa de evitar ele competindo.

Mesmo quando chegou às Olimpíadas, ele foi ridicularizado e feito de idiota na TV pela mídia esportiva, provavelmente esperando que ele fosse embora silenciosamente se eles colocassem muita pressão da mídia sobre ele e sua família. Embora o establishment britânico o considerasse uma vergonha, apenas o fato de ele ter perseverado em perseguir seu sonho E ter chegado às Olimpíadas deveria ser algo de que o público britânico se orgulhasse e se inspirasse, mas isso nunca foi o caso. Na melhor das hipóteses, ele foi visto pela maior parte do público britânico como uma decepção.

É a mesma coisa em qualquer área. No mundo corporativo, tenho visto muitos conselhos de administração e equipes de gestão sênior sendo dirigidas por pessoas que eram *'pára-quedas'* para essas posições, vindo de um *'bem conhecido'*família, ou seu pai sendo um *'Senhor'*. É administrado pelo *'rede de velhos meninos'*, a velha guarda, e como dizem, *'é um grande clube e você não está nele'*. O teto de vidro é real; não importa o quanto você trabalhe; essas posições já estão reservadas.

Temos que começar abrindo oportunidades para as pessoas. Temos que passar para uma "mentalidade de oportunidade". Isso significa compartilhamento e colaboração. Em vez de tentarmos fazer tudo sozinhos, deveríamos olhar em volta e perguntar: quem poderia ser adequado para fazer isso comigo?

Imagine, por um segundo, uma ilha isolada no meio do oceano. Digamos que construímos um hotel na ilha e, com todos os hóspedes pagantes, geramos uma enorme pilha de roupa suja todos os dias. Mas notamos que a península vizinha também tem uma enorme pilha de roupa suja. Atualmente, nós mesmos lavamos toda essa roupa. É aqui que entra a mentalidade de oportunidade.

Em vez de fazermos tudo sozinhos, perguntamos: *'Quem pode estar procurando uma oportunidade?'* Por que não montamos um negócio para lavar essa roupa suja com essas pessoas? Suponha que haja um pequeno grupo de pessoas.
Nesse caso, significa que resolvemos o nosso problema e ao mesmo tempo damos a cada indivíduo a oportunidade de melhorar o seu estatuto e posição na vida.

Esses indivíduos precisam ganhar experiência empresarial, então por que não os orientamos e os mantemos no caminho certo com o negócio? Reunir vários indivíduos motivados na mesma empresa resolve o problema da dependência de uma pessoa. Poderíamos encontrar um operador de negócios experiente e colocá-lo de pára-quedas para administrar o negócio até que o restante tenha experiência suficiente para administrá-lo sozinho. Isso também protegeria o investimento necessário para a sua instalação.

Acesso ao capital

Uma história semelhante se aplica à Fórmula 1. Milhares de crianças em todo o mundo cresceram competindo em corridas de kart. Mas é preciso muito dinheiro, além de ter as conexões certas para chegar ao próximo nível do esporte.

Não excluo o trabalho duro, mas você pode ser o mais rápido na pista; se você não tem dois centavos para esfregar, é melhor esquecer. Tendo competido em ralis, testemunhei esta situação com muitas pessoas contra quem corri. A maioria está simplesmente fora do esporte. Quando competi, não tinha ambições de ser campeão mundial; competir era meu sonho de estudante, então vivê-lo foi o suficiente para satisfazer meus desejos. Ainda assim, também percebi que a pessoa com o *'maior conta bancária'* ganho.

Ao longo de cinco anos, investi todo o meu salário na construção de um carro e depois na competição. Para competir na frente do campo em nível nacional, ouvi falar de competidores privados que podem gastar um milhão de libras em uma temporada. Para competir no nível do campeonato mundial, dirigir com as equipes dos fabricantes significa ter um orçamento de cerca de quatro milhões de libras para cobrir uma única temporada, e isso sem considerar o custo de danos significativos ao carro ao longo da temporada. A maioria dos que competem nesses níveis possui empresas enormes e conhecidas que pagam por seu hobby, ou vêm de famílias famosas com sucesso histórico no esporte e, portanto, os patrocinadores estão dispostos a apoiá-los com base em seus sobrenomes.

Além de proporcionar acesso a oportunidades, o próximo objetivo é proporcionar acesso ao capital, ajudando a proporcionar essas oportunidades. Isso não significa dar capital a quem deseja competir no automobilismo de Fórmula 1; Eu uso isso apenas como exemplo. Em vez disso, estão a criar uma escada pela qual qualquer pessoa pode aceder aos fundos necessários, criando projectos geradores de receitas e financiando o seu estilo de vida a partir das recompensas desse projecto. Isto pode ser feito atraindo investimentos de fora da economia local. Alternativamente, os membros da comunidade podem reunir o seu capital para manter o ciclo em andamento. Cada vez que um investimento é bem-sucedido, ele alimenta o sistema para ajudar outras pessoas na comunidade.

Fundo de investimento comunitário

Se olharmos para as pequenas empresas, menos de 1% dos dólares investidos chegam a esta parte da economia. De resto, alguns sortudos recebem investimento através de *'pessoas comuns'* reunindo coletivamente suas economias e investindo por meio de várias plataformas. Veja qualquer plataforma de crowdfunding; provavelmente menos de vinte empresas procuram investimento lá. Quando se considera que existem seis milhões de pequenas empresas no Reino Unido, pode-se ver quão pequeno é este conjunto de financiamento alternativo.

O negócio *'comece'* o espaço é igualmente mais colorido. A menos que você seja uma startup de tecnologia com histórico de expansão de várias startups de tecnologia, a possibilidade de receber investimento da comunidade de investimentos é ZERO. Essas startups dependem do dinheiro de amigos, familiares ou poupanças pessoais.

O problema de investir neste tipo de oportunidades neste momento é que 50% das empresas falham no primeiro ano. 90% falham em cinco anos. Apenas 4% chegam aos 10 anos.

Os critérios para investir em um negócio são:

1. Tem que ser estabelecido com uma forte demanda do cliente
2. Uma equipe de gerenciamento completa deve estar instalada para administrar o negócio.

Sem esses dois fatores, há uma chance sólida de você perder seu dinheiro. A razão é que a maioria das pessoas que iniciam um negócio nunca o fez antes. Eles estão navegando por um caminho com os olhos vendados, sem bússola, sem mapa, sem tocha, mas com muitas bordas de penhascos.

À medida que uma empresa cresce e conquista mais clientes, ela enfrenta outros problemas, como lidar com questões de pessoal, gerenciar o fluxo de caixa e equilibrar a demanda dos clientes com a capacidade de entrega. Tudo isso é novo para a maioria das startups e é preciso haver mais ajuda, treinamento ou suporte para que essas empresas tenham acesso a essas informações. O sistema não pesa a seu favor.

Quando chegam ao estágio de contratar uma equipe de gestão, normalmente aprenderam como superar esses problemas e, esperançosamente, terão especialistas gerenciando cada área do negócio. O outro risco de investir em pequenas empresas e startups geridas pelos proprietários é que algo pode acontecer ao proprietário da empresa, o que significa que não poderá trabalhar durante seis meses. Sem pessoas para assumir o controle na sua ausência, o negócio está morto e qualquer investimento morre com ele.

Com um fundo de oportunidade, também precisamos de uma gestão de risco sólida para reduzir o impacto de quaisquer investimentos que falhem. Isso significa ter pessoas fortes para gerenciar cada oportunidade, negócio ou investimento.

Mais importante ainda, as empresas precisam de orientação e orientação adequadas e de um espírito partilhado de criação de oportunidades para outros membros da comunidade como parte do seu modelo operacional diário. Cada empresa dentro da carteira de investimentos deve partilhar o nosso espírito e modelo de apoio a uma cadeia de abastecimento local.

É necessário que haja um método para devolver e reciclar o investimento de volta ao fundo central, para que possa ser reinvestido em mais oportunidades o mais rápido possível.

Um family office é uma equipe que gerencia o patrimônio de um indivíduo. Eles investem capital em diversas categorias de investimento, sejam propriedades, ações, metais preciosos ou negócios. A estrutura do family office pretende fazer investimentos que proporcionem um retorno sobre esse investimento, aumentem o valor do pote central e proporcionem ao beneficiário uma renda grande o suficiente para cobrir suas despesas e custos de subsistência.

Usando os mesmos princípios de um family office, investimos esse capital no que chamamos *'Criação de valor'* a infraestrutura. Isto significa investir em edifícios e negócios que irão gerar receitas e obter um retorno contínuo sobre esse investimento. Este fundo de investimento poderia ser expandido para gerar rendimento suficiente para fazer crescer continuamente a infra-estrutura comunitária ao longo do tempo, pago pelos retornos anuais.

Apoio local

Que oportunidades você poderia oferecer às pessoas da comunidade local? Suponha que você esteja comprando atualmente de grandes empresas nacionais ou internacionais. Como você pode mudar isso para comprar de empresas locais? O que precisaria acontecer para que isso se tornasse seu *'Vá para'* processo operacional?

Quanto mais criarmos e apoiarmos empresas locais, mais oportunidades serão criadas para a população local. Este ciclo fica maior quanto mais o fazemos.

Poucos consideraram esta ideia, mas qual seria o sucesso de uma empresa se os seus clientes também investissem nela? Os clientes que investem na sua cadeia de abastecimento devem ser clientes para toda a vida. O processo tradicional de compras para empresas é um dos processos menos eficientes e demorados que já encontrei.

Se um cliente investir no seu negócio, isso eliminaria a necessidade de competir com outras oito empresas, com apenas um fornecedor ganhando um contrato, enquanto os outros sete desperdiçam o seu tempo. Se uma empresa ganha um contrato em cada cinco licitações, isso representa uma economia de 80% em nosso tempo e energia. Em outras palavras, se você apenas concorresse aos contratos que ganharia, isso significa que você trabalharia apenas nas segundas-feiras e depois passaria o resto da semana fazendo algo produtivo. Se um cliente é dono de sua cadeia de suprimentos, ele está motivado para ajudá-lo a se desenvolver. Em vez de licitar contratos individuais, a conversa passa a ser a proposta de investimento dos clientes. É uma conversa, um argumento de venda e, em seguida, concentre-se em entregar o que eles precisam.

Os vulneráveis

Haverá sempre algumas pessoas na nossa sociedade que precisam de apoio, seja uma rede de segurança se tiverem um negócio falido, por exemplo, ou alguém que não consegue sustentar-se devido à idade avançada, deficiência, ou talvez até por ser órfão de idade. uma idade jovem.

No capítulo Fórmula, examinamos um modelo de geração de renda por meio de veículos de investimento. Ainda assim, agora que compreendemos este conceito, precisamos de nos perguntar se esta poderá ser uma solução para apoiar as necessidades da comunidade e pagar por esses custos. Em vez de apenas pagar os custos para ajudar os vulneráveis, este poderia ser um caminho para pagar *de todos* despesas de subsistência em toda a comunidade.

Para dar um passo adiante, se não tivermos despesas de subsistência, não teremos nada que nos obrigue a trabalhar em empregos de que não gostamos.
Cada um de nós pode fazer o que mais nos interessa e o que é melhor para toda a comunidade. As pessoas que gostam de cultivar alimentos podem se concentrar no cultivo de alimentos para a comunidade. Quem gosta de ensinar pode trabalhar na escola. Você entendeu a ideia. Os artistas da comunidade podem criar grandes obras de arte e vendê-las ao mundo exterior para gerar mais receitas para a comunidade.

Uma coisa que ainda não analisamos são as pessoas que recebem apoio do sistema, por exemplo, aquelas que não podem trabalhar para ganhar dinheiro, ou que se desviaram de alguma forma do seu caminho e aquelas que são deficientes. Como nosso modelo funciona para eles? Tudo isso se resume ao projeto para o novo modelo. Tudo o que você testemunha com o sistema atual é apenas o efeito de múltiplas reações instintivas do governo. Um sistema sustentável não deveria precisar de respostas instintivas porque é projetado de forma proativa desde o primeiro dia.

Agora, precisamos de responder à questão do que acontece aos vulneráveis na nossa sociedade. Estes indivíduos necessitam de recursos específicos, sejam alimentos, energia, abrigo ou algo mais específico, como equipamento ou apoio de um cuidador. Tal como acontece com o resto da nossa comunidade, esta procura de recursos está prevista no sistema desde o primeiro dia.

Suponha que os recursos precisem ser adquiridos fora da comunidade. Nesse caso, o modelo é concebido para gerar receitas adicionais necessárias para que esses recursos possam ser adquiridos externamente.

Já falamos sobre viver em um *'sem dinheiro'* economia, tendo seus recursos gerados dentro dos limites desse espaço comunitário. Este modelo funciona; todos recebem tudo o que precisam. Mas para adquirir quaisquer recursos externos de que necessitamos, temos de gerar rendimentos suficientes do mundo externo, e fazemos isso através de investimentos adicionais em activos geradores de receitas.

Desenvolvimento

Considerando que vivemos numa ilha isolada no meio do oceano, como vamos pagar a construção de todas as infra-estruturas, os edifícios e o desenvolvimento básico da ilha? Claro, isso não inclui o custo do terreno em si.

A primeira fase envolve a realização de um inventário do terreno para identificar quais recursos temos disponíveis. O que precisa de atualização, reparo ou melhoria e o que precisaremos trazer do mundo exterior? É aqui que residem os custos iniciais.

Depois de termos um inventário do local, a fase dois considera quaisquer oportunidades de criação de valor. O que podemos fazer para maximizar as oportunidades de geração de receitas do mundo exterior? Quando criamos um plano de desenvolvimento, devemos considerar que infraestrutura o plano de desenvolvimento necessitará.
Quais edifícios são necessários? Quantas pessoas? Quais conjuntos de habilidades? Como vamos alimentar a todos? Como vamos abrigá-los? Como iremos gerir os resíduos de todas estas atividades? Teremos um abastecimento de água grande o suficiente para satisfazer todas as nossas necessidades? & Quanto espaço é necessário para acomodar tudo?

A fase três é a fase de construção, que pode ser entregue de acordo com seu sequenciamento. Estamos começando aos poucos, construindo o mínimo necessário e ampliando-o à medida que essas atividades de criação de valor estão ganhando ritmo. Não queremos construir infra-estruturas, hotéis e casas para alojar 1.000 pessoas se precisarmos apenas de três casas no primeiro dia. Ter um desenvolvimento menor que possa ser ampliado e expandido facilmente é uma opção melhor e requer menos recursos financeiros e físicos para dar vida à ideia.

Ao considerar como pagar pela primeira fase, existem algumas opções que podem ser consideradas como segue:

Licença para ocupar: Uma licença de ocupação é geralmente usada em locais onde é ilegal para uma entidade estrangeira possuir o terreno. Os ocupantes ganham uma licença de terra, semelhante a um arrendamento de longo prazo. A licença é normalmente uma licença renovável de 50 anos, com uma extensão adicional de 50 anos. O valor pago é comparável ao aluguel básico do terreno nos países ocidentais.

Compra de terreno: A compra definitiva do terreno é uma via usada com menos frequência agora, a menos que a intenção seja dividir o terreno em parcelas individuais, desenvolvê-las e vendê-las imediatamente.

Investimento de capital do proprietário: O proprietário da terra é um investidor de capital, fornecendo a terra em vez de capital para o projeto. Isso significa que eles recebem uma parte de todas as receitas e receitas de vendas do projeto concluído.

Doação de terras: Com a doação de terras, o proprietário doa o terreno para o projeto sem nenhum custo. Isto geralmente é feito a partir de uma perspectiva filantrópica ou onde a comunidade local irá beneficiar do projecto. Isto pode depender da jurisdição e da estrutura jurídica do veículo do projeto. Muitas vezes, isto acontece quando o governo doa o terreno para um projecto a ser desenvolvido para uso ou melhoramento da comunidade local, por exemplo, doando terreno para construir uma nova central energética à qual a comunidade local terá acesso.

Outras opções podem incluir:
Reunião de capital: Um grupo de pessoas reúne seu capital para fazer parte da comunidade mais tarde.

Troca de habilidades: Se alguém quiser fazer parte de um projeto, mas precisar de capital, poderá investir seu tempo e habilidades em troca de capital no projeto. Isso pode funcionar para qualquer função dentro do projeto, seja alguém com uma vasta rede de investidores, que pode ser pago com base em cada apresentação bem-sucedida, ou se for alguém que seja um encanador qualificado fornecendo os serviços de encanamento para o projeto e eles ' reembolsado em capital próprio no projeto. Esta participação acionária pode mais tarde ser trocada por participação acionária na comunidade ou receber uma parte de quaisquer lucros futuros do projeto, exatamente como um investidor fará.

Tokenização: Semelhante a algumas das ideias já discutidas, se uma pessoa fornecer algo de valor ao projeto ou à comunidade concluída, como cultivar alimentos e vendê-los à comunidade, ela poderá ser paga através de um sistema de tokens. Esses tokens podem então ser trocados dentro da comunidade, seja por uma casa ou pelos serviços de outra pessoa dentro da mesma comunidade. Este é o início de um novo sistema monetário localizado.

Sociedade

Imagine uma sociedade onde todos fossem iguais e não existisse sistema de classes. Não haveria razão para alguém se sobrecarregar com dívidas, tentando retratar uma falsa imagem de riqueza.

Participando de qualquer reunião escolar, você testemunhará um *'concurso de swing de pau'* onde as pessoas fingem que sua chipolata é uma salsicha, tentando retratar o quanto mais bem-sucedidas elas se tornaram em relação aos seus ex-colegas.

Não importa para qual extremo do espectro social você olha. Vá à Marina de Mônaco e você verá todos competindo entre si por quem tem o maior iate, aparentemente como um sinal de quem tem mais sucesso. Embora Jimmy tenha um super iate de 50 metros, acreditando que ele é o *'grande cara de Dagenham'*, quando ele vai para Mônaco, ele é desprezado como sendo *'um dos camponeses'* pelo cara do megaiate de 200 metros.

Observe o funcionamento da escola. Em algumas áreas, você notará todas as mães tentando competir umas com as outras com seus SUVs 4x4, quem é o mais caro, quem é o maior. De quem é o mais novo?

Imagine que, enquanto crescem, as meninas não se interessam por carros, mas quando se trata de ofuscar seus colegas do parquinho mais tarde na vida, elas demonstram grande interesse por eles.

Este é o tipo de sociedade em que vivemos hoje. É tudo um desejo interior de que os outros nos vejam como tendo um status social mais elevado. Num nível subconsciente, precisamos ser reconhecidos e validados por outras pessoas.

É claro que a crise de saúde mental que prevalece hoje na sociedade é apenas um dos muitos efeitos do funcionamento da nossa sociedade. A depressão e o suicídio são todos alimentados por pessoas que vivem esses estilos de vida falsos, e até mesmo elas, quando aceitam e percebem que sua vida não é como esperavam que fosse.

Isso se refere à forma como alguém vê sua posição na vida. Se você encarar a vida como um placar, onde vence a pessoa com mais bens materiais, então 99% das pessoas sempre ficarão insatisfeitas com esse quadro.

Sempre há algo mais para comprar ou algo que outra pessoa possui. Você precisará de um suprimento infinito de dinheiro para jogar esse jogo.

Em vez disso, e se considerássemos a nossa posição na vida como se gostássemos da nossa experiência de vida diária? Temos tempo com nossa família? Temos conexões significativas com nossos amigos, colegas de trabalho e conexões comerciais? Como causamos um impacto, por menor que seja, em cada uma dessas conexões humanas?

Se eliminarmos a necessidade de bens materiais e todos tiverem tudo o que precisam e desejam, de repente, a vida se tornará mais do que apenas ter aquele último símbolo de status em nosso pulso.

Deixar de tentar superar seu círculo social e fazer com que as pessoas o admirem é a única maneira de nos afastarmos da percepção de um sistema baseado em classes.

Tal como o conhecemos hoje, o sistema de classes destrói a sociedade. Em última análise, o sistema de classes foi criado pela classe dominante, aqueles que você pode adorar como *'a realeza'*; sem a classe dominante e a classe camponesa, eles seriam vistos como iguais, por isso os nossos antepassados nunca lhes teriam prestado qualquer atenção. Também cria esta procura de dívida, uma vez que a utilizamos como uma escada para subir a escada da percepção de riqueza.

Em outro lugar

No nosso sistema atual, as pessoas vão trabalhar e depois se aposentam. Nesse ponto, eles morrem em poucos meses ou passam a aposentadoria fazendo qualquer coisa para se manterem ocupados. Alternativamente, eles ficam sentados assistindo TV durante o dia ou filmes de guerra antigos. Foi assim que meu avô viveu durante 20 anos depois de se aposentar. Depois de construir sua casa, sair de férias ocasionalmente ou fazer algum projeto de jardim, o resto do tempo era gasto assistindo a filmes de guerra antigos. É como se uma pessoa perdesse o propósito ao se aposentar.

Imagine uma aposentadoria alternativa. Em vez de deixar o local de trabalho, usamos-o para transmitir toda essa valiosa experiência de vida e ajudar a próxima geração. O sistema educativo é uma piada, mas com uma revolução na forma como aprendemos, todos podemos tornar-nos mentores ou guias para aqueles que vierem depois de nós. Se você é um aposentado de 70 anos, seu valor não está mais em *'fazendo o trabalho'*; é compartilhar as experiências que você suportou e transmiti-las a outras pessoas. E se você pudesse moldar a vida de uma pessoa mais jovem para que ela não cometesse os mesmos erros?

Pense em todos os erros que você cometeu na vida e em todas as lições que aprendeu com eles. Como poderá a raça humana evoluir se essas lições não forem transmitidas às gerações mais jovens? Caso contrário, torna-se um ciclo repetitivo onde cada geração nunca evolui, passando pela mesma experiência mas começando do zero todas as vezes.

Nas tradições antigas de muitas culturas, tínhamos *'em outro lugar'*; estes eram os sábios da comunidade que viveram muitas experiências. Esses idosos transmitiram sua sabedoria de vida ao resto da comunidade, evitando que tomassem decisões erradas. Por exemplo, se um erro como ir para a guerra fosse cometido sem o conselho sábio dos mais velhos, um líder inexperiente poderia reagir exageradamente e toda a comunidade poderia ser massacrada.

Podemos ter os dias modernos *'em outro lugar'*, cada um com experiência em diferentes áreas.

Tudo começa com as crianças em idade escolar aprendendo sobre assuntos específicos, da mesma forma que temos o modelo de aprendizagem técnica que usamos agora.

Em vez da necessidade de *'professores qualificados'*, temos alguém que trabalhou nesse assunto por muitas décadas e pode transmitir essas lições e atalhos da vida real, um método tradicional *'professor'* não sabe.
Isto não significa o fim dos professores; os professores sabem como ajudar alguém a aprender. Os professores não são o problema do sistema educativo; o problema é o que eles são forçados a ensinar e como.

Após a idade escolar, chega a orientação para pessoas que desejam iniciar um negócio. Esses idosos combinam suas experiências enquanto trabalham em uma estrutura para iniciar um negócio. Esses anciãos podem orientar e auxiliar na gestão diária desses negócios. Depois, à medida que a empresa cresce, ela precisa de mais um guia no nível do conselho, de pessoas que já trilharam esse caminho.

A orientação pode abranger todas as áreas, não apenas negócios ou educação. Há necessidade de orientação em habilidades sociais, conexão, comunicação, resolução de problemas, habilidades especializadas como cultivo de alimentos ou cuidados de saúde de emergência, compreensão de quem você é e seu propósito aqui, e até mesmo relacionamentos.

Isso é o que está faltando atualmente em nosso sistema. Observe os tópicos mais pesquisados no YouTube e você notará pessoas em busca de conhecimento de nível básico, como *'como ter um relacionamento'*. Com dados como estes, temos uma lacuna clara na nossa educação e precisamos de aprender estas matérias como parte integrante do nosso desenvolvimento inicial. Há um profundo distanciamento das nossas necessidades fundamentais em favor de preencher as nossas vidas com informação e tecnologia desnecessárias.

Além de apoiar a sociedade, o modelo dos idosos proporciona aos idosos um senso de propósito.

Educação

E se o sistema educacional tivesse interesse no resultado da sua vida? Em vez de tentar preencher vagas, ele poderia se concentrar no conhecimento específico que você precisa aprender para alcançar o que deseja. Mas como isso funcionaria na prática?

Em vez de você pagar pela educação, direta ou indiretamente, o provedor de educação a financiaria. Em vez de aprender os detalhes intrincados de cada assunto, você identificaria qual foi o resultado e o provedor lhe ensinaria os tópicos específicos que você precisava aprender para alcançar esse resultado. Em vez de perder cinco anos aprendendo uma matéria, pode levar apenas alguns meses. A partir desse ponto, o fornecedor receberia uma parte dos seus ganhos futuros provenientes dessa aprendizagem, até um montante pré-determinado, semelhante a um investidor que financia um projecto numa joint venture consigo. O fornecedor está alinhado com você e com o que você deseja alcançar, por isso também está motivado para fornecer o suporte necessário para atingir esse objetivo.

Conclusão

Chamamos este capítulo de Raiz. Tudo o que discutimos é a base de tudo na sociedade. A razão pela qual temos crimes, falta de moradia ou epidemias de drogas é porque os alicerces da nossa sociedade estão quebrados. A resposta natural que as pessoas apontam é que o socialismo resolverá os nossos problemas sociais. Socialismo significa dar mais poder aos governos, mas foram os governos que criaram este problema. O socialismo não é a solução. Só podemos resolver estes problemas concentrando-nos nos próprios fundamentos da nossa sociedade e corrigindo-os. É quando as coisas mudam. Fixe a Raiz e a flor florescerá, mas sem a Raiz forte não há flor.

Intercâmbio

Neste capítulo, examinaremos o princípio de como trocamos valores, afastando-nos de um sistema monetário corrupto controlado por pessoas que não trabalham para os interesses mais elevados e melhores do povo.

Economia

O Dicionário Oxford define um *'economia'* ou para *'economizar'* como cortar nossos gastos. Isto é um *'economia'* mentalidade.

Se cortarmos os nossos gastos, haverá menos dinheiro circulando no sistema, levando à pobreza, problemas de saúde, crime e numerosos outros problemas que podemos ver hoje. O actual *'economia'* O sistema baseado em dinheiro é a raiz da maioria dos problemas que temos na sociedade, e a maneira de resolver esses problemas é aumentar a circulação de dinheiro no sistema. Por favor note que quando digo "aumentar a circulação monetária", não pretendo aumentar a oferta monetária, também conhecida nos últimos tempos como *'flexibilização quantitativa'* ou *'impressão de dinheiro'*.

Quando dizemos *'queremos uma economia de crescimento'*, é como dizer, *'queremos restrições de crescimento'*, é como dizer, *'Quero um sorvete quentinho'*, mas fomos programados para acreditar que é assim que as coisas deveriam ser – um mundo de restrições. A natureza não existe num mundo de restrições. A natureza cria mais do que suficiente para que tudo floresça.

Você já se perguntou por que o universo não impede o crescimento das urtigas ou daqueles arbustos que crescem descontroladamente todo verão?

Não, porque é apenas a natureza. Os pássaros e as abelhas têm comida mais que suficiente para viver *'uma vida abundante'*; eles não vivem uma existência frugal ou restrita. Então, por que 99% dos humanos acreditam que é assim que deveríamos viver?

Existem recursos e terras suficientes neste planeta para que todos tenham o que precisam. Não temos um problema de recursos; temos um problema de distribuição justa.

Lembro-me de quando era criança, sempre me perguntava por que as coisas não faziam sentido. Quando crianças, sabemos instintivamente quando algo não está certo, mas, como eu, a sociedade nos diz para *'vamos em frente'* e *'não faça perguntas'*.

Aqueles que destacam qualquer coisa errada com o mundo são punidos pela família, pelo sistema educacional ou pela sociedade.

Então, se não podemos chamá-la de economia, como podemos chamá-la? Use os termos que quiser, mas vou chamá-los *'circulação de dinheiro'*. Embora possa haver rótulos melhores, espero que você se identifique com meu tópico. Numa futura sociedade mais justa, chamamos-lhe *'circulação de valor'* ou *'fluxo de valor'*.

Segundo o dicionário, o oposto de *'economia'* é *'ser um desperdício'*. Novamente, até isso foi distorcido em algum lugar ao longo do caminho. É como dizer que se tivermos uma circulação monetária abundante, é um desperdício. A natureza não desperdiça nada. A natureza prospera. Só posso imaginar que aqueles que controlam o actual sistema de escassez precisam que a população acredite que esta é a única forma de os seres humanos funcionarem, seja reduzindo ou desperdiçando.

Tributação

Se você trabalhar por uma semana, receberá £ 1.000 por fazer esse trabalho. No final de cada semana, Tony, o gangster local, vai à sua casa e leva £500 para si.
Se você tentar evitar pagar o dinheiro a ele, ele irá te caçar e te jogar em uma gaiola.

Se fosse esse o caso, você não ficaria feliz, mas aceitamos silenciosamente quando aquela organização mafiosa que chamamos *'governo'* faz a mesma coisa. Imposto é roubo. Tributação é escravidão. Fazemos todo o trabalho duro na plantação do Sr. Jones, mas o Sr. Jones colhe a maior parte dos frutos do nosso trabalho, apesar de nunca ter feito nada para ganhá-lo. Na maioria dos países, a participação do governo é superior a 50% em impostos diretos e indiretos. Suponha que você seja proprietário de uma pequena empresa no

Reino Unido. Você sabia que para extrair lucros da sua empresa e colocar no bolso? Nesse caso, você paga 63% desses lucros originais em impostos?

Trabalharemos segunda e terça para nós mesmos, mas trabalhamos quarta, quinta e sexta para o governo.

O imposto direto sobre os nossos salários é apenas superficial. A tributação incide sobre tudo o que compramos, até mesmo os alimentos que compramos nos supermercados. Embora alguns países não cobrem imposto sobre vendas ou IVA sobre os alimentos no caixa, isso já está incluído no preço de venda. Impostos de importação, impostos de transporte, impostos sobre espaço de varejo, etc., todos têm impostos diretos ou indiretos incorporados. A menos que você esteja cultivando tudo sozinho, você está sendo tributado por isso.

Fica pior do que isso. Ainda assim, uma empresa cria uma quantidade inacreditável de impostos para o governo, em impostos indiretos e diretos. Uma empresa é como uma máquina caça-níqueis que paga ao governo a cada rodada, independentemente de você ter lucro ou não. Os impostos diretos são aparentes. Eles são aqueles dos quais você já deve estar ciente – imposto sobre sociedades, imposto sobre ganhos de capital, seguro nacional ou seguridade social.

Cada empresa com a qual você se envolve adiciona impostos diretamente ou os inclui em seus custos, os impostos indiretos que eles tiveram que pagar para entregar o que você compra. Você sabia que mais de 80% do preço que você paga pelo combustível do seu carro é imposto? Como você se sente ao perceber que acabou de gastar £ 100 para abastecer seu carro, mas o valor real foi de apenas £ 20?

Compare o custo do diesel vermelho. Na comparação de preços atual, no Reino Unido esta semana, o custo por litro de diesel vermelho é de 52 pence por litro. Em comparação com o diesel normal, que custa £ 2,00 por litro. Os agricultores usam diesel vermelho, mas a única diferença é quanto o governo arrecada em cada opção. Arrisque ser pego usando diesel vermelho em seu veículo e o *'crime'* acarreta uma multa pesada e uma possível sentença de prisão. A única razão pela qual isso acarreta uma penalidade tão pesada é porque um bando de golpistas precisa intimidá-lo para que cumpra.

Nem sequer consideramos os impostos sobre a morte, a riqueza e a propriedade que todos temos de pagar.

Mas e todos os impostos que você gera como subproduto da operação do seu negócio? Primeiro, você tem IVA ou imposto sobre vendas. Então você tem o imposto sobre vendas que paga aos seus fornecedores. Impostos sobre funcionários: cada um de seus funcionários paga impostos e segurança social. Sua cadeia de suprimentos também possui funcionários que pagam impostos e previdência social. Eles também têm sua cadeia de suprimentos, cada um pagando IVA, impostos sobre funcionários, imposto sobre sociedades, imposto sobre ganhos de capital, imposto sobre dividendos, etc. Você compra veículos com impostos sobre eles, impostos de importação, impostos sobre combustíveis, impostos sobre automóveis da empresa e benefícios em -tipo de impostos. Não quero aborrecê-lo com os detalhes linha por linha, então vou resumi-los da melhor maneira possível.

Vou dar um exemplo para facilitar o entendimento. Vejamos uma pequena empresa média; para facilitar o cálculo, digamos que tenha £ 1 milhão em receita de vendas, embora o valor real não importe. Esta pequena empresa média gera anualmente cerca de £ 800.000 em impostos diretos e indiretos para o governo. É isso mesmo, você gera cerca de 80% da sua receita total em impostos diretos e indiretos.

A pequena empresa média obtém um lucro líquido de 10%, enquanto o governo obtém 80%. Se você é proprietário de uma pequena empresa, deve se perguntar: para quem exatamente você está fazendo isso?

Eu entendo que isso é bastante complexo para a média *'não financeiro'* pessoa. Ainda assim, se você possui uma pequena empresa, reconhecerá alguns dos números que mencionei.

Não me diga que o governo apoia você como proprietário de uma pequena empresa. *'Ah, mas Wayne, eles me deram ajuda financeira através da Covid'*. Não, o que eles fizeram foi garantir que você concordasse em ficar em casa. O que eles fizeram foi garantir que continuariam sendo pagos. Ah, e a propósito, isso não foi *'Dinheiro livre'*. O dinheiro da licença é pago aumentando as taxas de impostos de todos. Esses empréstimos COVID, que acabaram de sobrecarregar sua empresa com dívidas que ela não pode pagar, são 8% acima da taxa básica, mas adivinhe quem controla essa taxa básica? Isso mesmo, ELES fazem !!!

Mas se eles não tivessem criado estes *'instalações'*, ninguém ficaria em casa, pois sem um fluxo de rendimento neste sistema artificial, ninguém sobrevive - e *o descumprimento não serve* há interesse.

Você pode perguntar, *'Se ninguém pagasse impostos, como cuidaríamos dos vulneráveis da nossa sociedade? E como pagamos para que as lixeiras sejam esvaziadas?'*

A primeira coisa que quero esclarecer é sobre os países isentos de impostos. Como eles pagam por todas as suas necessidades? Os países isentos de impostos são muitas vezes também os países mais ricos, mas como poderia ser isso se a fonte de rendimento do governo não provém dos impostos?

Para a mente convencional, não é fácil compreender, especialmente depois de tanta lavagem cerebral socialista nas últimas décadas.

Estes países oferecem programas para incentivar e atrair famílias e empresas ricas a estabelecerem-se no país. As famílias ricas gastam muito dinheiro e as empresas criam empregos e investimentos, o que, em ambos os casos, aumenta o fluxo de dinheiro na economia daquele país.

Lembre-se, isto é o que discutimos no início do capítulo: aumentar o fluxo monetário reduz a pobreza.

Se houver mais dinheiro fluindo e ele não for retirado da mesa pelo governo, naturalmente, cada *'jogador'* no jogo tem mais dinheiro fluindo através deles. Depois de todos terem mais dinheiro a fluir através deles, a segunda estratégia destes países é uma *'pague pelo que você usa'* modelo. Em outras palavras, se você quiser que suas lixeiras sejam esvaziadas, você paga por isso. Mas se você não tiver lixeiras, não paga por isso.

O mesmo se aplica a todas as áreas da vida, educação, saúde, etc. Tudo bem se você for rico, mas e todos os outros, e como isso funciona na prática? Bem, imagine como as coisas funcionam normalmente *'imposto alto'* país. Suas lixeiras são coletadas e pagas pelo governo - com seu dinheiro. O governo está agindo em seu nome como agente de compras.

O problema é que os governos são muito ineficientes. Em alguns países, parte desse dinheiro paga a corrupção; em outros, é simplesmente engolido por burocracia, duplicação e besteiras em geral. Sei disso porque passei minha carreira prestando serviços a departamentos governamentais e sei exatamente como eles funcionam.

Nas nossas empresas, poderíamos concorrer contra a própria Organização de Trabalho Direto do governo (a sua equipa interna); nossa oferta seria metade do preço deles e ainda assim teríamos um bom lucro.

Se o governo tivesse sido eficiente, teria sido impossível para nós fazer isso, especialmente considerando que nossos funcionários viajavam diariamente para seu local, ficavam em hotéis, etc. Em contrapartida, seus funcionários já estão baseados naquele local.

Agora, se você for até a empresa de coleta de lixo local e solicitar que esvaziem suas lixeiras, sairá caro. Eles têm que enviar um caminhão com dois funcionários, pode ser uma viagem de 32 quilômetros, ida e volta, eles têm que descartar esse lixo e reciclar o resto. Isso pode custar, por exemplo, £ 300 para você como indivíduo. Mas £295 desse custo serão provavelmente compostos por despesas indiretas, como tempo de viagem, preço do camião, dois funcionários, etc.

Mas se se associasse a todos os seus vizinhos e formasse uma cooperativa de compras a granel responsável por todos os serviços partilhados, o custo poderia ser reduzido para, digamos, 2 libras cada, porque todo esse custo indireto é partilhado entre 2.000 compradores em vez de apenas um. Comprar qualquer coisa a granel significa que você pode ter acesso a um desconto mais significativo do que comprar individualmente.

Para compreender o problema dos impostos, primeiro temos de compreender como funciona a maioria dos países. O mal-entendido comum é que os nossos impostos pagam coisas como o sistema de segurança social, a polícia, o sistema de saúde, as nossas estradas, o nosso sistema de transportes, etc.

Esta mentira foi espalhada para mantê-lo ignorante. Se as pessoas soubessem que os seus impostos não pagavam as enfermeiras, a polícia e os professores, muitos deixariam de pagar os seus impostos.

Vivemos em um sistema financeiro baseado em dívidas. É por isso que temos recessões previsivelmente a cada quinze anos ou mais - como um relógio. Uma recessão acontece porque o dinheiro foi retirado de circulação. Esse dinheiro é dívida.

Quem controla a dívida? Os bancos centrais sim. Dizem-nos que as recessões acontecem devido a alguns *'cisne negro'* evento. Quando você percebe que são as mesmas pessoas que controlam o fornecimento da dívida, até aqueles que possuem os cisnes, você começa a ver que nada acontece por coincidência.

Os bancos centrais não são governos. Os bancos centrais são empresas privadas que emprestam dinheiro aos governos. Quando você paga impostos, esses impostos pagam pelo *interesse* sobre as dívidas contraídas em período anterior. Mas essas dívidas têm juros compostos ao longo de muitas décadas.

Você sabia que o Reino Unido acabou de pagar a dívida contraída durante a Segunda Guerra Mundial?

Você acha que é uma coincidência que os bancos centrais também financiem muitas guerras em todo o mundo? Está correto; eles financiam os fomentadores da guerra e depois financiam a reconstrução do país depois de este ter sido destruído. Poderíamos dizer que é do interesse deles fazer com que essas guerras aconteçam. É um joguinho muito distorcido e doentio; e todos nós estamos pagando por isso.

Então, se estamos apenas a pagar a dívida anterior, como é que os enfermeiros, os professores, a polícia e as infra-estruturas são pagos? Simples: o governo contrai MAIS DÍVIDA. O governo pede mais dinheiro emprestado, aumentando os juros que nós, o povo, temos de pagar. É um modelo que não é sustentável; eventualmente, o sistema implode.

Uma alternativa melhor a este sistema actual é eliminar totalmente a tributação. Se você já jogou Banco Imobiliário, imagine cada vez que você 'passa, vai', mas em vez de receber £ 200, você pagou £ 200. Cada vez que você passa no Go, o banqueiro tira £ 200 de circulação no jogo. O jogo não duraria muito. Tirar dinheiro do jogo impede que qualquer um *'investindo'*. Quanto menos investidos, mais fracos e menos ricos são todos nessa sociedade.

O mesmo acontece com nosso sistema tributário governamental. Cada vez que pagamos impostos, reduzimos a quantidade de dinheiro que circula no sistema. Quando a pessoa média tem dinheiro sobrando, ela compra algo com ele, sai de férias, compra um curso de treinamento ou investe em um ativo. Continua circulando. Um sistema que remove dinheiro do jogo não é bom para as pessoas desse jogo.

Se você tem a infelicidade de viver num país que extorque os seus cidadãos, é difícil implementar uma solução alternativa, sem ser jogado numa cela de prisão. Este livro é mais como uma ponte entre esta distopia tirânica em que vivemos neste momento e a visão futura de reconstruir a sociedade no futuro utópico de que todos precisamos. Espero que você escolha um país com tributação zero se escolher um país para sediar seu novo projeto comunitário ou expandir seus negócios.

Mas entretanto, podemos considerar estas ideias e utilizar formas legais para reduzir o imposto que pagamos, para que uma maior parte dele permaneça no nosso sistema de circulação local.

Recompensando a criação de valor

Nesta secção, discutiremos dois conceitos relacionados com uma forma diferente de pensar sobre como o dinheiro flui no sistema local e como podemos apoiar aqueles que não conseguem ajudar a si próprios.

No nosso exemplo da ilha, é impossível obter tudo o que precisamos como comunidade a partir de uma ilha. Precisamos comprar suprimentos de fora daquela comunidade, então precisamos de algo para trocar.

Enquanto ninguém estaria fazendo *'trabalhar'* no sentido tradicional de *'precisando trabalhar'*, as oportunidades ainda precisam de investimento. A reserva de mão-de-obra seria reorganizada, com as pessoas a serem magnetizadas para as actividades que preferem realizar.

Neste sistema, há menos ênfase no pagamento das pessoas no sentido tradicional. Em vez disso, pode haver mais oportunidades de busca de investimento à medida que cada pessoa segue seu verdadeiro caminho na vida.

O futuro da sociedade é um futuro sem dinheiro. Pode levar um século para chegar a esse ponto. Ainda assim, se você imaginar, o dinheiro é apenas um monte de números em uma tela e, de qualquer maneira, não existe. Na sua forma atual, é uma construção criada pelo homem. E na verdade, é um fator limitante que nos impede de avançar. Pense naquele curso de treinamento que você deseja frequentar, que custa £ 10.000. Se você conseguir juntar esse dinheiro, esse curso pode mudar sua vida; você pode aprender informações que impactam a vida de 1.000 outras pessoas. Você pode conhecer seu futuro marido ou esposa nesse curso e ter quatro filhos juntos. O problema é que, se você estiver desempregado e não tiver dinheiro, isso nunca acontecerá e, portanto, nada avançará. Se aquele curso não custasse nada, porque não existia dinheiro, todos teriam acesso ao seu verdadeiro caminho de vida.

Há um argumento que diz que não valorizamos o que é gratuito. Isso é verdade, mas apenas no paradigma atual. Veja, se tudo fosse de graça, você só teria ressonância com as coisas de fato para você. Se alguém lhe der um livro ou curso grátis, se esse assunto ressoar em você e se você estiver interessado nele, não importa qual foi o custo; você participaria porque está interessado nisso. Ninguém jamais usaria a biblioteca local se não fosse esse o caso.

Não valorizamos o que é gratuito no paradigma atual porque somos vendidos nos caminhos de outras pessoas. O que quero dizer com isso é que você vê alguém que ficou rico negociando ações no dia, percebe o estilo de vida fantástico que ele está vivendo, vê como ele produziu um filme, documentando sua vida, e agora é famoso. Então você decide, é isso que você quer fazer. A ideia de negociar ações em sua própria vida nunca passou pela sua cabeça até que você assistiu a um filme sobre esse indivíduo.

É assim que funciona a lavagem cerebral. É também por isso que 99% da população segue um caminho de vida que nunca foi concebido para eles. Quando esse curso de treinamento é oferecido gratuitamente, ele perde seu valor percebido porque você nunca quis que ele começasse. Se fosse o seu verdadeiro caminho de vida, o preço não importaria se você pudesse pagar.

Perseguir o caminho de outra pessoa se resume a perseguir algo em um nível subconsciente. Você está perseguindo dinheiro, status ou amor – seu subconsciente acredita que lhe falta amor ou reconhecimento, então perseguimos essas coisas para preencher um buraco. Tudo isso funciona abaixo da superfície, mas contamos histórias a nós mesmos para justificá-lo em um nível de consciência.

Tomemos como exemplo o setor imobiliário. Nas últimas duas décadas, a indústria imobiliária do Reino Unido foi inundada por pessoas que se tornaram promotores imobiliários, investidores e formadores. Para a maioria, a razão por trás disso é *'ganhar dinheiro'*. Eles estão perseguindo dinheiro. Se você lhes desse a escolha entre sentar na praia ou administrar inquilinos, o que eles escolheriam?

Se você tirar o dinheiro, a maioria das pessoas irá se identificar com o que foram chamadas a fazer, em vez de perseguir o dinheiro. Se os treinadores fornecessem esse treinamento gratuitamente, veríamos uma rápida mudança desse caminho para outro.

Muitas vezes ouvimos que o dinheiro é apenas uma troca pelo valor que fornecemos a alguém. Se isso fosse verdade, quanto valor você daria ao fato de uma pessoa com deficiência poder tomar banho sozinha? Ninguém quer ficar sentado na própria urina por semanas a fio, não é? A enfermeira que faz esse trabalho certamente seria bilionária se esse conceito de troca de valor fosse genuíno. Em vez disso, vivemos num mundo onde um banqueiro recebe um bónus equivalente a dez anos de salário por aquela enfermeira. O banqueiro forneceu mais valor do que a enfermeira?

Imagine um mundo onde as pessoas sejam recompensadas pelo valor que criam para a sociedade. Um lugar onde, em vez de ter uma lista dos ricos do Sunday Times, tenhamos uma "lista de criação de valor, pessoas que ainda podem ser muito ricas, mas toda a riqueza foi criada ajudando a melhorar a sociedade, em vez de prejudicá-la". E se aqueles que prejudicaram a nossa sociedade, aqueles que fazem grandes negócios por causarem jogos massivos, dependência de álcool ou drogas, em vez de serem algumas das pessoas mais ricas do planeta devido aos seus ganhos ilícitos, fossem presos? Se fosse esse o caso, poderíamos virar a sociedade atual de cabeça para baixo e veríamos todos os cuidadores do país dirigindo supercarros de alto desempenho para o trabalho. Na nossa estrutura de liberdade, as pessoas são recompensadas pela criação de valor.

O que é mais valioso para essa comunidade? O que é mais valioso para as comunidades vizinhas? É assim que uma verdadeira sociedade de mercado livre deveria funcionar.

Energizar

Este capítulo examina como podemos financiar o nosso projecto Profit-For-Purpose, seja ele uma comunidade privada, um empreendimento turístico ou algum outro empreendimento comercial. Também discutiremos como criar uma oportunidade de investimento atraente e os fundamentos do veículo de investimento.

Há mais de 13 anos, recebo propostas de pessoas em busca de investimento. Através deste processo, notei alguns temas comuns em mais de 1.000

oportunidades diferentes que analisei. Durante esse período, também construí minha rede com mais de 18.000 investidores de nível profissional e institucional, por isso entendo o que torna uma oportunidade de investimento atraente para um investidor experiente, e provavelmente é diferente do que você pensa.

Neste capítulo, apresentarei os fundamentos de uma oportunidade de investimento viável. Sem atrair investimento externo para o nosso modelo, tudo isso nunca acontecerá. Embora utilizemos o exemplo de arrecadação de dinheiro para um hotel resort, os mesmos princípios podem ser aplicados a qualquer negócio ou projeto.

Histórico de negociação

O capital de investimento é geralmente escasso quando se investe no mundo em desenvolvimento. A percepção de corrupção, crime e uma falta geral de transparência são factores que tornam cada vez mais complexo angariar investimentos para projectos.

Portanto, em vez de angariar dinheiro para uma nova ideia de startup, estou apenas a considerar angariar investimentos para uma empresa com um histórico comercial estabelecido. Com uma empresa estabelecida, o processo de investimento será mais simples. Quanto maior e mais estabelecida for uma empresa, o processo se tornará ainda mais fácil.

Se o projecto estiver num país de mercado fronteiriço, devemos torná-lo tão atraente e de baixo risco quanto possível. Cerca de 95% do capital de investimento vai para *'mercado médio'* ou investimentos de maior porte. Portanto, a menos que você tenha um negócio com lucros de £ 20 milhões, você está visando grupos de capital muito menores. Para o resort hoteleiro no nosso modelo, embora o resort seja novo, ou pelo menos renovado e melhorado, a gestão do resort terá de ser um operador hoteleiro estabelecido. O negócio é um resort spa cinco estrelas, portanto a operadora do hotel também deve operar um resort cinco estrelas existente em outro lugar. Existem duas razões principais para isso. Primeiro, eles sabem como deve ser a experiência do hóspede e o que o hóspede espera de sua estadia no resort. Em segundo lugar, como empresa comercial, eles já terão um banco de dados de hóspedes anteriores felizes, aos quais poderão vender um novo local. Hóspedes que se sentem confortáveis gastando no nível exigido por um resort cinco estrelas.

Tema

Enquanto discutiremos *'Tema'* no contexto de um hotel para explicar este conceito, o mesmo se aplica a qualquer negócio. O tema diz respeito a conhecer seus clientes, a experiência esperada e como você posiciona a oferta no mercado. Vejamos um exemplo.

Cada rede hoteleira tradicional tem um tema. Podem ser motéis de beira de estrada, hotéis para conferências, hotéis de aeroporto ou algo mais especializado. Quando você vê um hotel em dificuldades, ele não tem um tema. Ela precisa descobrir quem é, seus clientes e o que esses clientes precisam. Não basta ser um hotel quatro estrelas. A classificação é apenas uma indicação do nível de mobiliário; não é um tema.

Sem tema, o negócio compete com todo o mercado. Um hotel de aeroporto oferece uma experiência muito diferente de um resort de praia apenas para adultos. As necessidades dos hóspedes e as expectativas de preços são muito diferentes. Ter um tema reduz a concorrência de todo o mercado a apenas competir com um punhado de empresas semelhantes.

Basear seu negócio em um tema significa identificar com precisão quem são seus clientes, que tipo de oferta eles precisam e que preço estão dispostos a pagar. Também permite identificar seus concorrentes no mercado para que você possa posicionar seu negócio e se diferenciar deles.

Marca

A próxima coisa para um hotel resort é ter uma marca legada acima da porta. Quando falo em marcas legadas, quero dizer uma marca conhecida entre os clientes-alvo, independentemente da localização.

Marcas legadas são marcas icônicas conhecidas em todo o mundo, como *Seis Sentidos*, *Quatro estações*, e *Marriot*, todos conhecidos e respeitados pelo serviço que prestam aos hóspedes nessa experiência cinco estrelas. Marcas hoteleiras regulares de grupos hoteleiros locais ou regionais mais tradicionais não são tão reconhecidas pelo público; eles não têm o reconhecimento de marca necessário para atrair novos clientes.

Uma marca é mais do que apenas um logotipo. É como os clientes percebem o seu negócio, impulsionados pela experiência que tiveram em lidar com ele. O logotipo é uma pequena parte de como o cliente identifica a marca. Uma marca de hotel regional ou local geralmente se aplica apenas a clientes locais ou regionais. Um investidor hoteleiro geralmente gosta que um investimento hoteleiro seja marcado por uma das marcas legadas porque atrai um nível mais alto de avaliação no mercado.

As marcas tradicionais investiram milhões de dólares em campanhas para aumentar a notoriedade da marca e melhorar o reconhecimento da sua marca, não apenas junto dos hóspedes anteriores, mas também para atrair visitantes de outras marcas antigas. As marcas legadas não precisam necessariamente ser globais; alguns concentram-se inicialmente num continente específico, mas geralmente pretendem expandir esse alcance para uma consciência mundial ao longo do tempo.

Possuindo uma marca legada, você precisa ter reconhecimento de marca, se não globalmente, certamente estar bem estabelecida nos continentes onde está presente. Em relação aos números de localização, uma marca legada precisa oferecer uma variedade de locais, com o mesmo estilo de produto sendo oferecido em todos os locais, independentemente do país ou continente.

O reconhecimento da marca com investimento em campanhas de relações públicas pode ser alcançado quando você alcança dez ou mais localidades em um continente. Um exemplo é o *Grupo hoteleiro Rocco Forte*, um grupo hoteleiro de 5 estrelas focado principalmente no mercado europeu.

Hotéis Rocco Forte não são um nome familiar para os viajantes sul-americanos, mas com mais de 15 resorts europeus, desenvolveram uma marca forte no Reino Unido e na Europa. Em comparação com a marca Six Senses, agora propriedade da *Grupo de Hotéis Intercontinentais*, eles são reconhecidos mais globalmente do que *Hotéis Rocco Forte*. No entanto, eles ainda possuem apenas 26 localidades, estando espalhados pela maior parte do mundo.

As opções para obter uma marca legada são:
1. Licencie uma marca estabelecida
2. Adquira mais de 20 hotéis em todo o mundo, junte-os e reforme-os com o mesmo padrão.

Uma terceira opção é trabalhar com uma marca consolidada em outro setor. *Bvlgari* é um exemplo de empresa que fez isso. Isso demonstra como é possível encontrar uma marca legada em um setor transferível que atenda ao mesmo grupo de clientes, e é provável que você siga um caminho diferente para obter sua marca legada.
O outro benefício de uma marca legada é que ela já possui um enorme banco de dados de fãs e seguidores leais que pode acessar. *Bvlgari*, por exemplo, tem um grande número de clientes que compram produtos de luxo. Portanto, incluir um hotel resort de luxo em sua linha de produtos faz muito sentido para eles, independentemente de eles o administrarem.

ESG

Um grande impulsionador e influenciador do investimento agora é o ESG (Ambiental, Sociedade, Governança). Em alguns círculos, isso é chamado de investimento de impacto. Investidores e clientes querem saber que seu dinheiro está melhorando o mundo. Tanto as empresas como os investidores têm uma diretiva e um requisito para investir em projetos e investimentos que apoiem a agenda ESG.

Independentemente da sua opinião sobre as alterações climáticas ou narrativas semelhantes relacionadas, se os seus clientes e investidores estão dispostos a direcionar capital para um produto com tendência ESG, faz sentido posicionar os seus requisitos de investimento em linha com isto e aproveitar os fundos disponíveis. Ninguém disse que você precisa se inscrever em CBDCs governamentais e ter um rastreador digital no braço, mas criar um negócio que deixe o planeta em melhor estado é bom. Já é hora de alguém dizer aos gigantes corporativos para limparem todos os seus resíduos.

Equipe

Além da gestão cotidiana do negócio, qualquer investidor precisa contar com uma equipe de gestão de alto nível conduzindo a empresa no momento de investir. Estas não são as pessoas que lidam com clientes ou gerenciam funcionários. A seguir está a equipe principal de liderança necessária:

O estrategista visionário: Essa pessoa, normalmente com o título de CEO, é responsável por criar o conceito e o fator de atração do qual os investidores desejam fazer parte. Eles são o motor do crescimento do negócio.

O Mestre da Consciência: Normalmente um CMO, o maestro de reconhecimento é responsável por aumentar o conhecimento da marca junto a clientes e investidores por meio de relações públicas, marketing de guerrilha e campanhas de reconhecimento da marca

O controlador: Normalmente, o COO é responsável por pegar as grandes ideias do CEO e implementá-las, garantindo ao mesmo tempo que o negócio funcione sem problemas.

O governador: Normalmente carregando o título de CFO, este é o mais sério e sensato. Você não brinca quando o Governador está na cidade. Essa pessoa é responsável pelas finanças do negócio, supervisionando todas as áreas de governança e garantindo que tudo seja sempre feito da maneira correta.

O Guru. Normalmente com o título de CTO ou Diretor Técnico, o Guru é responsável por se manter atualizado sobre a solução e as últimas inovações que acontecem no setor.

Os conselheiros: Idealmente, você deseja uma equipe experiente de consultores para apoiar a equipe de gerenciamento sênior. São pessoas que já trilharam o caminho onde você deseja chegar, mas também podem agregar influência ao seu network e ajudar a equipe a chegar ao resultado desejado. Os consultores são responsáveis por questionar a equipa de gestão sénior, para garantir que o negócio continua a ser conduzido no melhor interesse dos acionistas e das partes interessadas em geral.

As perguntas a serem feitas para identificar seu conselho consultivo podem ser:
1. Quem já percorreu o mesmo caminho antes?
2. Quem tem conexão com seus clientes-alvo?
3. Quem tem conexão com seus investidores-alvo?
4. Quem tem experiência na governança do seu tipo de negócio?

O Grande Papai: A última pessoa a considerar é o presidente. Esse indivíduo é versado na maioria das áreas, mas sua tendência é para o crescimento e a estratégia. Eles também costumam atuar como treinadores da alta administração, especialmente do CEO, para ajudá-los a alcançar o resultado desejado. Ainda assim, a sua responsabilidade final é para com os acionistas.

Visão

Com uma visão inspiradora de onde você quer chegar, um investidor ficará inspirado para financiar seus sonhos. Ninguém está interessado em rotinas mundanas e antigas, dia após dia. Um investidor quer fazer parte de uma jornada inspiradora que impacte o mundo. A visão deve estar enraizada em onde você está agora como empresa, mas também compartilhar uma oportunidade brilhante de onde você pode levar a empresa. Ajudaria se você tivesse uma estratégia para alcançar esse resultado quando tiver a visão. Tenho notado que muitas empresas esperam que o investidor forneça a visão e a estratégia, mas o seu trabalho é diferente. O trabalho deles é fornecer o combustível do foguete e acelerá-lo em uma jornada que você já está viajando.

Compartilhei algumas ideias neste livro, mas nosso modelo tem muitas peças em jogo. A maioria dessas peças são negócios independentes. Para que isso funcione, você precisará de um plano mestre de como todas as peças interagem e se encaixam, visões e estratégias individuais para peças separadas e um plano para dar vida a essa grande visão.

A embalagem

O que torna uma oportunidade atraente para um investidor? Isso se resume a cinco pontos principais.

1. O porquê

2. A saída
3. Os retornos
4. A estrutura
5. O risco

O porquê: Às vezes é mais do que apenas dinheiro. A maioria dos investidores quer saber que está causando impacto no mundo. Encontrar pessoas que compartilhem sua visão e propósito além do que você está fazendo tornará a proposta atraente.

A saída: Os investidores precisam saber que poderão receber seu dinheiro de volta no futuro. Eles investirão muito mais se souberem que podem retirá-lo rapidamente. Quanto mais liquidez você puder fornecer ao veículo de investimento, mais capital você estará disposto a contribuir.

Os retornos: O que faz um bom retorno de investimento? Talvez 5% ao ano? 10% ao ano? O retorno deve considerar vários fatores: prazo, nível de risco, taxas de inflação, liquidez e taxa média de retorno de outros investimentos.

A estrutura: A estrutura do veículo de investimento deve ser tão eficiente em termos fiscais quanto possível. Idealmente é um *'atravessar'* entidade com responsabilidade limitada para investidores.

Se estiver estruturando uma instituição de caridade ou veículo sem fins lucrativos para receber doações, isso deve ser totalmente dedutível de impostos para as empresas e, sempre que possível, fornecer um *'adicionar de volta'* facilidade para doações recebidas de pessoas físicas. No Reino Unido, este *'adicionar de volta'* instalação é chamada *'Ajuda de presente'*. O governo paga à instituição de caridade 25% do valor total da doação com o recurso Gift Aid. Isso representa o imposto de renda que o indivíduo paga, já que qualquer doação de caridade normalmente é feita após impostos. A entidade também deve estar sediada numa jurisdição com leis sólidas de transparência e governação.

O risco: Se for possível reduzir o nível de risco que um investidor enfrenta, isso melhorará a atratividade do investimento. Algumas maneiras de fazer isso são estruturar parte do investimento de capital como dívida e parte como capital próprio. Isto significa que, como detentor da dívida da empresa, o investidor receberia uma parte proporcional de quaisquer activos que a empresa possuísse em caso de falência da empresa. Neste exemplo, se a contribuição da dívida do investidor representasse 50% da dívida aos credores, receberia 50% de qualquer produto da venda de activos.

Uma segunda opção é fornecer ao investidor um penhor, encargo ou hipoteca sobre o ativo que está sendo investido, como uma propriedade. Essencialmente, uma garantia significa que eles possuem esse ativo. Um último exemplo de redução de risco pode ser um investimento faseado. Em vez de o investidor fornecer todo o investimento de capital no primeiro dia do projeto, um *'rebaixamento'* é feito para o investimento necessário imediatamente. Isto pode significar que o período de investimento demora 12 meses ou mais antes de todo o capital comprometido ser investido.

Comercialização de ativos

Uma opção para fechar um negócio que pode ser investido é comercializar uma parte do que você já possui. Chamamos isso de comercialização de ativos e, em termos simples, significa pegar o que atualmente é um ativo estagnado no balanço ou um centro de custo do negócio e comercializá-lo sob sua própria pessoa jurídica, para gerar novas receitas a partir dele. Esse processo o transforma de centro de custo em centro de lucro para o seu negócio.

Criei um vídeo detalhado sobre esse processo, que você pode encontrar em meu canal ou site do YouTube. Ainda assim, o processo geral a seguir é identificar quais ativos ou despesas gerais você possui no negócio que podem ter demanda comercial no mercado. Esses ativos ou despesas gerais são transferidos para uma subsidiária, atraindo clientes para eles e, com o tempo, gerando lucros adicionais a partir deles.

Exemplo 1

Uma empresa emprega uma pequena equipe de profissionais de RH para fornecer recrutamento e treinamento a todos os seus funcionários. Esta pequena equipe representa um *'não essencial'* sobrecarga para o negócio. A empresa cria uma nova subsidiária, transferindo essa pequena equipe para o novo negócio. O novo negócio, embora ainda forneça apoio de RH à empresa, atrai outros clientes que necessitam de apoio em recrutamento e formação.

Com o tempo, o novo negócio cresceu três vezes o seu tamanho original. Tornou-se um activo para os seus proprietários e não um custo. O lucro gerado com os novos clientes paga qualquer suporte de RH que a empresa proprietária precise, o que significa que as despesas gerais são reduzidas a zero.

Exemplo 2

Um prédio de escritórios com espaço não utilizado

Uma empresa está sediada em um espaço de escritório grande demais para suas necessidades. A reorganização do edifício e o aluguer do espaço não utilizado a outros inquilinos gera receitas adicionais, reduzindo significativamente os custos relacionados com a propriedade. Já usei essa estratégia anteriormente, reduzindo minhas despesas imobiliárias a zero.

Exemplo 3

Proprietário com terras não utilizadas

O terceiro exemplo é um proprietário de terras que possui 100 acres de terras não utilizadas. Suponhamos que eles não tenham capital para investir e desenvolver a terra para usos alternativos. Ao trabalhar em parceria com outra empresa, criam uma nova empresa subsidiária para cultivar alimentos e vendê-los à comunidade local. Esse processo lhes proporciona um novo fluxo de receita proveniente de um ativo que antes não tinham uso.

Identificar

Não existe uma categoria de investidores perfeitos. Em vez disso, alguns investidores estão interessados em determinados tipos de investimentos, tamanhos, localizações ou setores. Ao procurar potenciais financiadores para o seu projeto, cada investidor estará focado em uma categoria e tamanho de investimento específicos.

Por exemplo, os critérios de investimento de uma empresa fictícia de capital privado estabelecem que ela investe em *'empresas de tecnologia de médio porte na Europa Ocidental.'* Isso lhe dá uma ideia clara se eles estariam interessados em seu tipo de oportunidade.

Em muitas ocasiões, quando você encontra um investidor adequado como esse, contatá-lo com a oportunidade não funcionará. Como recebem tantas propostas, eles normalmente procuram apresentações apenas de pessoas de confiança. Isso ajuda a filtrar 99% dos negócios que normalmente são apresentados, pois sabem que as partes de confiança só apresentarão algo que seja o tipo de oportunidade que procuram.

Ao procurar investidores para o projeto hoteleiro, por exemplo, alguns investidores investem em diferentes fases do projeto. O primeiro pode investir no terreno descoberto, criar um plano diretor para o local, obter todas as licenças e aprovações e depois vendê-lo a um incorporador. Outros investidores investem apenas durante a fase de construção do projeto. O terceiro tipo de investidor normalmente investe após a conclusão do projeto e a estabilização do hotel, gerando receita.

Dependendo da estrutura, isso pode ocorrer logo após a conclusão e entrega, onde o imóvel funciona em regime de locação comercial tradicional. Alternativamente, pode ser depois que o hotel atingir a estabilização, o que pode levar de 3 a 5 anos após a conclusão do projeto e as taxas de ocupação atingirem 70%.

Isso geralmente é baseado em um acordo de parceria entre o operador hoteleiro e o investidor hoteleiro. Isso ocorre porque o valor do edifício é baseado no lucro por ele gerado. Maximizar o lucro das operações hoteleiras o mais rápido possível é a melhor estratégia.

Idealmente, suponha que você encontre um investidor que acredite em sua visão e razão para realizar o projeto. Nesse caso, isso proporcionará que *'parceiro de investimento perfeito.'* Eles podem ser mais flexíveis em suas expectativas ou em como e quando o dinheiro é investido no projeto.

Projeto

Este capítulo examinará os fatores mais críticos no planejamento de nossa comunidade, desde a identificação do local perfeito até a revisão dos componentes do projeto.

Plano diretor comunitário

Precisamos de repensar radicalmente a forma como utilizamos as nossas propriedades.

Precisamos repensar como gastamos nosso tempo.

Os bloqueios do COVID nos mostraram que era possível trabalhar em casa e que não precisamos passar uma hora diariamente no trânsito congestionado. Embora não tenha sido perfeito, podemos tirar alguns pontos positivos da experiência. Trabalho em casa desde 2011 e entendi o que gosto nisso e o que poderia ser melhorado. A tecnologia atingiu um nível em que podemos realizar a maioria das coisas trabalhando remotamente, que poderiam ser concluídas em um local de trabalho central.

Qual seria a melhor forma de operar do ponto de vista patrimonial para nossos *'ilha'* conceito: uma comunidade numa ilha no meio do oceano?

De uma perspectiva de alto nível, os requisitos de estilo de vida do ocupante determinam as necessidades da comunidade. Temos que conhecer e compreender nossos clientes para que possamos criar o que eles precisam.

No meu caso, penso em criar algo que desejo porque muitas pessoas compartilham as minhas necessidades de estilo de vida.

Ainda assim, é melhor analisar adequadamente quem usará a comunidade ao projetá-la. Geralmente faremos isso criando um avatar de cliente.

Num sentido amplo, podemos categorizar essas necessidades em cinco tipos de propriedade:
1. Primeiras casas
2. Casas de meia-idade
3. Casas para idosos
4. Propriedade de lazer
5. Propriedade do espaço de trabalho

Esses cinco tipos são projetados em torno das pessoas que os utilizam. À medida que envelhecemos, as nossas necessidades e modo de vida mudam, por isso ficar numa propriedade

concebida para as nossas necessidades como estudantes de 20 anos não se adequará ao nosso estilo de vida como pessoas de 70 anos na reforma.
Primeiras casas: Os primeiros lares são para pessoas que estão nos primeiros estágios de vida longe dos pais, até terem o primeiro filho. Por exemplo, poderiam ser o ambiente de convivência das residências estudantis ou as atuais HMOs (House of Multiple Occupancy). No entanto, suponha que estejamos considerando uma nova comunidade. Nesse caso, não acredito que o produto HMO seja bom para incorporar ao plano. Você concordará comigo se já viveu neste ambiente.

A maioria dos planos de saúde são projetados para maximizar o lucro do proprietário, enquanto o ocupante é forçado a viver em uma caixa de fósforos com MUITAS outras pessoas. Algumas pessoas compararam esse tipo de ambiente de vida a uma ocupação. Este modelo é um terreno fértil perfeito para criar pessoas irritadas e frustradas – semelhantes a leões enjaulados.

Ao agrupar pessoas com interesses semelhantes, eles podem acessar pessoas com os mesmos interesses, construir conexões e trabalhar juntos. Os primeiros lares funcionam como um espaço de transição, desde a saída da casa dos pais até o início da casa da meia-idade.

Casas de meia-idade: As casas de meia-idade destinam-se a pessoas na fase intermediária da vida, com ou sem família. Eles oferecem mais espaço para morar e conexões com outras pessoas em seu círculo social. Ao agrupar pessoas nas mesmas áreas, há menos necessidade de viajar para socializar.

Lares para idosos: Os lares de idosos destinam-se a pessoas em idade de reforma. A solução actual para a habitação em idade de reforma não é boa. São vilas de aposentados, na forma de um bloco de apartamentos contendo pessoas da mesma faixa etária, ou outra opção, moradias protegidas e lares de idosos. Meus pais estão na casa dos 60 anos, então eles se enquadram na faixa etária perfeita para os vilarejos de aposentados, mas esse é o último lugar que eles gostariam de ir nesta fase. As soluções actuais assemelham-se mais a uma correia transportadora, para onde as pessoas vão enquanto esperam pela morte.

Desde que eu era criança, a ideia era que você trabalhasse a vida toda e depois, quando se aposentasse, faria todo tipo de coisas interessantes, como fazer cruzeiros pelo mundo e explorar lugares. Pensar que meus pais iriam se isolar em um pequeno apartamento de um quarto está longe de ser verdade. A idade do seu cérebro é a média das pessoas de quem você está cercado. Você pode ficar perto de um bando de pessoas de 80 anos fazendo quebra-cabeças e esperando para morrer, ou pode ficar perto de seus netos. Qual opção fará você viver mais e ser mais feliz?

Quando as pessoas se aposentam, elas precisam manter a mente ativa. Ao ficar trancado em um apartamento para aposentados, é impossível manter sua mente ativa olhando para quatro paredes o dia todo, assistindo TV e montando quebra-cabeças. Os idosos não precisam de uma casa com cinco quartos como precisavam há 30 anos. Mas eles precisam de uma casa em um único andar, a uma curta distância de seu círculo familiar e social. Precisa ser uma casa de baixa manutenção, toda em um só nível, mas algo que lembre um elemento de lazer.

O papel destas pessoas na comunidade em geral é tão *'mentores'* e orienta para as demais faixas etárias. Uma casa de dois quartos com garagem e zona de jardim, com acesso a cuidados em casa caso necessitem.

Casas multigeracionais são algo que as pessoas irão adotar nas próximas duas décadas. É assim que vivem outras culturas, mas a sociedade ocidental afastou-se disso ao longo do século passado, preferindo cada vez mais isolar-se. Isso pode abranger tudo, desde os três tipos que discutimos, agrupando-os em uma casa grande o suficiente para acomodar três ou mais gerações de uma família.

Em vez de ser uma casa independente onde vivem todos os membros da família, pode ser três ou quatro propriedades dentro de um terreno maior. Essa opção pode funcionar melhor para quem não gosta de ficar perto da sogra intrometida.
Este mesmo resultado ainda pode ser alcançado dentro de uma aldeia privada sem comprimir todos no mesmo lote de terra. A vila privada foi projetada para incluir todos os três grupos a poucos minutos de caminhada. Este modelo permite que todos na família mantenham seu nível de privacidade.

Propriedade de Lazer: A propriedade de lazer é essencial quando se considera o *'comunidade insular'* modelo. Em primeiro lugar, traz receitas externas para a comunidade, provenientes de pessoas de fora, como através de um hotel, spa ou instalações desportivas. Em segundo lugar, cria um espaço para entretenimento e um motivo para a comunidade se reunir, seja num restaurante, num café, num campo de golfe ou apenas num local de encontro central, como uma praça de uma aldeia, jardins, um parque ou um local de música. .

Instalações esportivas: Além desses locais de encontro, também temos necessidades a satisfazer. Precisamos preencher nosso tempo com atividades. Isso pode incluir um clube de tênis, um campo de golfe, uma área de recreação infantil, campos de futebol e rugby, quadras de basquete e um espaço para eventos de teatro.

Então precisamos pensar em outras necessidades de condicionamento físico. Todos na comunidade precisam de uma maneira de se manterem ativos e em forma. Isto pode ser conseguido com um ginásio, incluindo percursos pedestres ao ar livre, ciclovias e pistas de corrida. Se a paisagem o acomodar, pode ser algo mais único, como uma parede de escalada.

Área de trabalho: A seguir, devemos pensar em como trabalhamos todos os dias. O modelo atual de deslocamento para o escritório da empresa ou trabalho em casa em tempo integral não é a resposta para um problema no local de trabalho. Ter um centro de estilo de coworking dentro da comunidade é provavelmente o compromisso híbrido entre os dois extremos em que os países ocidentais se encontram atualmente.

Este espaço de trabalho híbrido precisa estar a uma curta distância da habitação e adjacente ao espaço comunitário central, o que incentiva o fluxo e a atividade das pessoas nessa área pública central. Dentro do espaço de trabalho, isso poderia incluir o conceito de mesa compartilhada de um espaço de trabalho conjunto tradicional e mais espaço de escritório privado para aqueles que o desejarem. Poderia também ter espaço para reuniões e conferências e instalações para outras pessoas de fora da comunidade visitarem, criando assim fontes de receitas adicionais para o projecto.

Dentro do nosso modelo de longo prazo de investimento em empresas locais, este espaço de trabalho também poderia ser uma incubadora para aqueles em quem investimos. Isto também cria mais empregos para os indígenas locais.

Se combinarmos este conceito de espaço de trabalho com o espaço educativo, a mudança do nosso modelo educativo mudaria drasticamente a forma como utilizamos o espaço e a quantidade de espaço necessária. Mas se a creche ou a escola também ficasse ao lado do nosso escritório, isso faria mais sentido, especialmente considerando a visão mais mesclada de aprendizagem da qual falaremos nos outros capítulos do livro? Em última análise, suponha que a semana de trabalho mudou para semanas de quatro dias e o quinto dia foi usado para aprendizagem e educação continuadas. Nesse caso, o espaço de trabalho tradicional poderia ser reutilizado como espaço educacional, o que significa que não precisaríamos de edifícios extras dedicados exclusivamente à educação. O conceito central em torno da propriedade do espaço de trabalho é eliminar o tempo de deslocamento diário e, ao mesmo tempo, ser uma alternativa melhor ao trabalho em casa.

Centro da comunidade: Um espaço comunitário sustentável deve incluir todas as facetas de uma comunidade funcional. Muitos conceitos de comunidade privada concentram-se apenas num determinado design ou estilo de unidade habitacional, esquecendo-se de tudo o que faz uma comunidade funcionar. Isto é parcialmente intencional devido ao custo extra de criação desta infra-estrutura de apoio.

Em segundo lugar, a menos que você tenha experiência em projetar cidades, é algo em que você não pensa até acordar em sua nova comunidade e não ter para onde ir.
A terceira razão pela qual foram omitidos é que as pessoas dependem do governo para fornecer isso.

Além de unidades habitacionais adequadas a diferentes faixas etárias, também são necessários espaços comuns para encontro de amigos. Os centros comunitários também são importantes, sejam eles um salão de aldeia ou um espaço central para eventos. Na economia das aldeias do Reino

Unido, os pubs serviram este propósito durante séculos porque funcionaram como ponto de encontro central para os membros da comunidade.

Instalações Médicas: Embora você possa usar as instalações médicas próximas à sua comunidade, se elas não estiverem disponíveis ou se você tiver criado sua comunidade em uma ilha física real, você precisará de suporte médico de emergência.

Você pode colaborar com outras comunidades ou *'ilhas'*, compartilhando uma instalação central. Pode ser apenas um pequeno edifício utilizado para tratar os problemas mais críticos, como picadas de cobra ou primeiros socorros de emergência. Este tópico precisa de uma consideração séria sobre como você administrará qualquer situação médica.

Horta Alimentar: Se estivermos cultivando nossa horta dentro da comunidade, esse requisito de espaço adicional precisará ser levado em consideração, bem como uma área de cultivo e uma área de armazenamento e preparação. Isto pode servir a um duplo propósito: ser um local para os membros da comunidade se encontrarem ou relaxarem na natureza.

Layout do plano diretor: Embora muitas pessoas já tenham ouvido falar do uso do feng shui em seus edifícios para criar melhores *'fluxo'*, poucos ouviram falar sobre geometria sagrada e seus benefícios. Em vez de usar a geometria sagrada em um único edifício, nós a usamos para projetar todo o layout da comunidade. Vários estudos e pesquisas demonstraram que isto é saudável para todos os seus ocupantes e pode aumentar a produção de alimentos, onde uma comunidade cultiva os seus próprios alimentos.

Planejamento de capacidade: Olhando para todo o projecto como um plano de desenvolvimento de 100 anos, cada um com as suas fases de desenvolvimento, precisamos de conceber capacidade extra para crescimento e expansão. Embora muitas comunidades sejam projetadas tendo em mente os requisitos atuais, se o projeto for bem-sucedido e verdadeiramente sustentável, as pessoas permanecerão lá por um longo prazo e criarão suas famílias. Isto poderia levar a comunidade a acomodar três ou quatro gerações da mesma família.

Com quatro gerações vivendo na comunidade, isso significa um crescimento de 8x se cada geração tivesse dois filhos. Portanto, a capacidade de aumentar a comunidade em 8 vezes é um fator crítico de design para fazer uma escolha genuinamente sustentável e de longo prazo.

Seleção do local

Em seguida, temos que considerar a localização. Se você já possui um site, alguns fatores estarão fora de seu controle. Os fatores que discutiremos são aqueles que consideramos ao selecionar a localização de um hotel. Contudo, as mesmas regras também fornecem uma boa base para o desenvolvimento comunitário. Eles não estão listados em ordem de preferência.

Tributação: Quão atraente é a localização para efeitos fiscais? Que incentivos existem para atrair investimentos para a área? Existem zonas económicas especiais que poderiam ser utilizadas? Vejamos outros lugares globalmente, como os Emirados Árabes Unidos.

Através da implementação de fortes incentivos ao investimento, milhões de investidores estabeleceram residências e investiram lá nos últimos trinta anos.

Além da tributação relacionada ao investimento, também consideramos quaisquer impostos que possam ser apropriados após o investimento. A localização é favorável para operar um negócio lá? Quais impostos estão sendo cobrados de uma empresa? Imposto de importação? Imposto de exportação? Imposto sobre vendas? Impostos do empregador? Taxa de corporação? Mais-valias fiscais? Tudo isso dita a atratividade do local para a instalação de uma comunidade ou negócio ali. E quanto aos impostos pessoais? Se investirmos em empresas locais, isso também poderá afetar as nossas taxas de impostos. Se as taxas de imposto individuais forem elevadas, isso limita o quão atraente é a oportunidade e, portanto, quanto dinheiro será investido.

Residência: A próxima coisa a considerar são as opções de cidadania e residência. Suponha que estamos construindo um hotel, investindo num negócio ou criando uma comunidade.
Nesse caso, idealmente queremos a opção de obter a cidadania, ou pelo menos a residência de longa duração, com a opção de obter a cidadania posteriormente. As ilhas do Caribe recebem muito investimento devido aos seus programas de cidadania e residência. Combine isso com impostos baixos e você criará a base perfeita para atrair capital estrangeiro.

Estabilidade política: O seguinte critério que procuramos é a estabilidade política. O país está estável ou atravessa uma guerra civil? Me ofereceram muitas oportunidades em locais paradisíacos. Ainda assim, o governo tem uma estabilidade política muito baixa nestes casos. Espero que estes países se resolvam e que surja a oportunidade de investir.

Baixa criminalidade: Uma das questões emergentes é se é seguro visitar um determinado local. No Reino Unido, a criminalidade está a aumentar. As gangues estão tomando conta das ruas em algumas cidades, os golpistas estão constantemente um passo à frente e os pedófilos estão se infiltrando no nosso sistema educacional.
É por isso que encontrar um local com baixo nível de criminalidade é tão importante. Várias plataformas publicam dados sobre os níveis de criminalidade em cada área; uma plataforma é a Numbeo, que publica o índice de criminalidade e segurança, permitindo pesquisar por cidade, cidade ou país. Isto divide os diferentes tipos de crime em categorias individuais, com cada categoria classificada separadamente.

Por exemplo, as estatísticas de homicídios são classificadas de forma diferente das estatísticas de corrupção. Ele compartilha dados reais em vez de apenas apresentá-los de forma semelhante a um sistema de classificação de placar. Isso permite que você veja o quão segura os moradores locais percebem a área. Esses dados informam quantos crimes por 1.000 habitantes na área.

A maioria das pessoas diz que certos países são perigosos sem visitá-los ou visualizar os dados. Por exemplo, todos os países de África são considerados muito perigosos com base apenas nas histórias dos meios de comunicação ocidentais. No entanto, existem países em África dos quais provavelmente nunca ouviu falar e que são alguns dos mais seguros do mundo.

Uma das desvantagens dos países em desenvolvimento é o alto nível de corrupção. A pontuação de corrupção também deveria ser baixa, mas embora não seja ideal, isso excluiria da lista muitos países que de outra forma seriam perfeitos. Ainda estou a determinar a razão por detrás da corrupção, mas ouvi falar de alguém parado pela polícia no Gana por excesso de velocidade. O policial em questão sugeriu que o motorista lhe pagasse o equivalente a US$ 7 e que ele esquecesse completamente o incidente. Para o policial, essa quantia provavelmente alimentaria sua família por alguns dias, mas para o turista ocidental, era apenas alguns trocados. Isto não aconteceria com tanta frequência se os habitantes locais tivessem oportunidades decentes e não teriam vontade de recorrer ao crime.

Alta demanda do cliente: Qualquer negócio que você crie ou invista no novo local da comunidade precisa de acesso à alta demanda dos clientes. Se você exporta produtos, a empresa precisa ter acesso a esses clientes. Por exemplo, se você exporta grãos de café, precisará de fácil acesso para transportá-los. Se você não tiver logística e infraestrutura, será um desafio desde o primeiro dia. Da mesma forma, se procuramos locais para um resort hoteleiro, é vital um local com alta demanda turística para a nossa oferta de produtos. Necessita também de infra-estruturas de apoio, incluindo outras atracções e actividades turísticas. Embora não seja possível garantir a realização de uma venda, você pode verificar se as pessoas desejam comprar seu tipo de oferta naquele local.

Além disso, é essencial verificar a demanda por sua oferta específica. Por exemplo, quando procuramos locais para um resort, queremos encontrar algum lugar que já tenha pelo menos um resort cinco estrelas, de preferência uma das marcas tradicionais. Você pode ser um buscador de fronteiras e criar o primeiro negócio desse tipo no novo local, mas isso apresenta um risco muito maior.

Para ter sucesso, um candidato à fronteira pode ter que fazer sozinho grande parte da promoção da indústria ou do país, o que de outra forma teria sido feito pelos seus precursores. Criar a demanda do cliente do zero pode envolver o investimento de milhões de dólares em publicidade e campanhas de marketing na TV. Isto é o que os governos e as marcas tradicionais fazem. Este processo adicional significa um período muito mais prolongado para a empresa atingir a fase de estabilização, onde pode gerar receitas suficientes para pagar os seus custos de funcionamento.

Acesso a recursos: Além de produtos físicos e materiais de construção, outro recurso valioso de que precisamos são pessoas com as habilidades e experiência certas. Podemos ter grandes ambições de criar uma obra-prima arquitetônica. Ainda assim, se precisarmos de mais competências para construí-la localmente, precisaremos de trazer essas competências de outros lugares.

Onde encontraremos a força de trabalho se não vier da população local?
Da mesma forma, se construirmos o projeto numa ilha no meio do oceano, como poderemos levar esses recursos para a ilha? Sempre que você

precisa trazer recursos externos, sejam pessoas ou produtos, isso adiciona enorme complexidade e custos ao projeto e outros pesadelos logísticos, como conseguir vistos, etc.

No passado, a nossa empresa esteve envolvida na construção de uma escola numa ilha remota na costa oeste da Escócia. O projeto ficava a apenas alguns quilômetros do continente, mas não tinha balsas para veículos para chegar até lá. Isso significava transportar tudo e todos em um pequeno barco de pesca, depois manuseá-lo fisicamente do barco até o cais e, em seguida, carregar todos os equipamentos, materiais e ferramentas de construção manualmente por cerca de 800 metros até o local do local. Em comparação com a realização do mesmo projeto no continente, os custos e o tempo necessários foram cerca de oito vezes maiores.

Os mesmos princípios se aplicam a um projeto hoteleiro. Após a construção, o hotel deve ser administrado por pessoas experientes, como chefs e funcionários administrativos. Embora as pessoas locais possam ser formadas nestas funções, isso leva tempo, pelo que, entretanto, devem ser preenchidas a partir de uma reserva de mão-de-obra externa, se esses conjuntos de competências ainda não estiverem presentes na comunidade. Nesse exemplo, devemos também considerar a logística envolvida na importação desses recursos do exterior. Onde morará uma equipe de chefs? Precisaremos construir acomodações separadas para essas pessoas ou recursos?

Por último, existe algum programa de treinamento disponível na área, como uma escola técnica, para ajudá-lo a treinar novos funcionários?
Caso contrário, poderemos ter de criar a nossa própria escola de formação, criando-a como parte do ecossistema de apoio mais amplo.

Impostos de importação: Já falamos sobre isso, mas um fator essencial na escolha do local é quanto custará a importação de materiais.

Embora o nosso modelo seja comprar o máximo possível da população local, itens ou equipamentos específicos provavelmente não estarão disponíveis na população local. Por exemplo, móveis, equipamentos de cozinha comercial e veículos devem ser importados de outro país. Quanto imposto será pago sobre esses itens quando os importarmos? Encontrar um local com baixos impostos de importação é um fator significativo.

Infraestrutura adequada: Embora pareça óbvio, precisamos da infraestrutura essencial para um negócio hoteleiro. Viajar 160 quilômetros do aeroporto de um país pode levar dias ou semanas sem estradas. Uma estrada de cascalho é o padrão mínimo, mas tende a ser arrastada ou tornar-se intransitável durante a estação chuvosa. Uma estrada de superfície pavimentada é um excelente padrão a ser procurado.

A próxima peça vital de infraestrutura é um aeroporto internacional. O local possui aeroporto de fácil acesso ou só é acessível de barco? Quer estejamos construindo projetos ou administrando um hotel, se levarmos três dias para chegar ao centro de transportes mais próximo, isso reduzirá significativamente as chances de sucesso do projeto.

Por fim, precisamos pensar em voos diretos. De onde vêm os clientes/investidores-alvo? Se as pessoas comprarem uma das casas na nossa nova comunidade, onde já residem e para que países gostariam de viajar para compromissos do dia-a-dia e da vida profissional? Ter vôos diretos desses locais é muito importante.

Só posso falar das minhas preferências, mas não gosto muito do processo de viagem quando vou a algum lugar. É uma perda de tempo; é tedioso e inconveniente. Se estou viajando para algum lugar, quero chegar lá o mais rápido possível, sem complicações e com a maior comodidade possível. Eu odeio esperar; Odeio precisar fazer transferência entre diferentes meios de transporte.

O cenário ideal para mim é voar ponto a ponto e estar onde preciso estar, idealmente levando no máximo 8 horas no tempo total de viagem. A necessidade de esperar nas salas de viagem enquanto espero por um voo de conexão ou outro transporte é simplesmente frustrante. Ter voo direto é o critério mínimo para nossos projetos.

Tornar mais fácil para as pessoas chegarem lá com o mínimo de conexões possível é essencial. Pensei em viajar para alguns países do Reino Unido; viajar para a África, um país, pode levar 8 horas de vôo direto, enquanto um país vizinho sem vôo direto pode levar 30 horas, fazendo conexão através de vários outros países ao longo do caminho.

Por último, estar a menos de 90 minutos do aeroporto internacional até a sua localização também é essencial quando você está em um país. Suponha que não haja nada adequado nesse raio de viagem. Nesse caso, é possível empurrá-lo para um raio de viagem de duas horas.

No entanto, este provavelmente deve ser o limite e também deve ser ponderado em relação ao tempo total gasto na viagem desde os países de partida.

Baixa burocracia: As economias ocidentais são consideradas favoráveis à realização de negócios, mas isto está a tornar-se menos comum. Ao longo da última década, assistimos ao aumento da burocracia e da burocracia, com a nova legislação a tornar a operação complexa e mais dispendiosa para as pequenas empresas.

Este é um exemplo do qual outros países menos desenvolvidos podem beneficiar. Indústrias específicas precisam de regulamentações para proteger as pessoas, e boas práticas de higiene alimentar e de saúde e segurança devem ser seguidas para proteger todos. Porém, os regulamentos e a legislação não devem ir muito longe, criados para gerar ainda mais trabalho e custos para as empresas. Suponhamos que utilizamos outros locais fora das economias ocidentais como referência adequada.

Nesse caso, lugares como Singapura e os Emirados Árabes Unidos oferecem um baixo *'fita vermelha'* ambiente no qual operar seu negócio. É claro que pode haver uma correlação direta entre impostos elevados e muita burocracia.

Sistema jurídico forte: Qualquer local escolhido deve ter um sistema jurídico robusto e transparente. Por exemplo, ao comprar um imóvel num país estrangeiro, devemos garantir que ninguém o possa roubar ou confiscar.

Apoio à indústria: Quando investimos ou criamos um negócio, queremos saber se existe um ecossistema de apoio para nos ajudar; não queremos fazer tudo o que precisamos do zero. Todos os setores têm regulamentações e orientações específicas a serem seguidas, por exemplo, e queremos saber se essas práticas estão corretas naquele local. Se estivermos construindo uma propriedade, precisaremos cumprir os regulamentos e leis locais de construção. Se um país não tiver estas directrizes básicas, está numa fase demasiado inicial e apresenta um elevado risco de fracasso.

Vi um exemplo disso em uma ilha do Caribe. Alguém construiu para si uma mansão de tamanho considerável há cerca de dez anos. Alguns anos depois, alguém comprou o terreno ao lado e construiu uma grande fábrica industrial. No mundo desenvolvido, isto não acontece porque as leis de zoneamento impedem as pessoas de construir o que quiserem em locais específicos. Este é um nível fundamental de regulamentação que precisa estar em vigor, e que você consideraria uma função de apoio. Você não gostaria de construir um hotel cinco estrelas e depois encontrar alguém na casa ao lado para começar a minerar carvão.

Outro exemplo de apoio do setor é ter associações do setor para cada tipo de negócio em sua localidade. Por exemplo, gostaria de ver uma associação criada para ajudar empresas de hotelaria. Ainda assim, também quero ver um departamento governamental criado para apoiar a indústria, promovendo-a através de diversas campanhas de marketing. Vemos isto em países como o Ruanda, onde a sua *'Visite Ruanda'* campanha promove ativamente o país como destino.

Atitude em relação à oportunidade: O próximo é algo sobre o qual você nunca encontrará estatísticas. Diferentes culturas têm atitudes variadas em relação às oportunidades. Nas economias ocidentais, por exemplo, as pessoas encontram desculpas para não fazerem as coisas. Em contraste, nos países mais em desenvolvimento, a minha experiência nestes locais mostra que as pessoas geralmente têm uma *'nós podemos fazer qualquer coisa'* atitude. A atitude do

Reino Unido em relação às oportunidades tem sido negativa há muito tempo.

Há cerca de 25 anos, trabalhei com alguém que, quando lhe apresentei a oportunidade de trabalharmos juntos num projeto, rejeitou a ideia com, *'Quem você pensa que é? Você não é Richard Branson'*.
Esta atitude resume o público britânico hoje; apenas uma pequena percentagem de pessoas está disposta a "elevar-se acima da sua posição".
Portanto, é essencial encontrar um local com a atitude certa em relação às oportunidades.
Também determinará se você pode encontrar pessoal adequado e motivado e uma cadeia de suprimentos para ajudá-lo.
Um país onde a sua população vive com algum rendimento garantido, como o rendimento básico universal, reduziria o desejo de alcançar qualquer coisa na vida.

Baixa concorrência: Discutimos a existência de uma procura comprovada para as ofertas de produtos das nossas empresas, mas também precisamos de considerar quanta concorrência já existe. Alta concorrência significa lutar para conseguir clientes, com margens de lucro potencialmente baixas. Um exemplo disso são as Maurícias.

A maioria dos resorts hoteleiros nas Maurícias são resorts cinco estrelas. Quase todas as marcas cinco estrelas legadas estão presentes lá. Isso representa alta concorrência porque você está brigando com locais estabelecidos para ser visto por novos clientes. Agora, você pode criar algo muito específico dentro de sua oferta de produtos, tornando-o um destino menos dependente do comércio turístico em geral, mas isso é assunto para outro livro.

A escolha do local ideal deve ter essa demanda comprovada, como acontece nas Ilhas Maurício, mas terá baixa concorrência. É um equilíbrio delicado entre os dois. O subproduto é um ecossistema de funcionários e empresas de apoio que já existem porque já estão apoiando as empresas existentes.

Ecossistema de investimento: Idealmente, haverá um ecossistema de investimento de apoio, por exemplo, uma bolsa de valores com requisitos de transparência e auditoria. Isto proporciona um veículo para a criação de um veículo negociado publicamente, o que torna mais fácil atrair investimento externo. Dá transparência e a capacidade de investir em empresas, seja numa fase anterior ou posterior, como uma empresa pública cotada. Ecossistemas em fase inicial, como as Maurícias, criaram a sua bolsa de valores e, mais uma vez, podemos ver porque é que são um dos mercados mais atraentes da região africana para investir.

Sem imposto de exportação ou vendas: Para atrair receitas para o nosso modelo, os negócios que criamos ou nos quais investimos dependem de receitas fora desse ecossistema local. Isto significa que os impostos sobre a exportação têm de ser baixos, idealmente zero. Além disso, os impostos sobre vendas devem ser baixos ou zero. Um dos maiores problemas para indústrias como a hotelaria é que as empresas não competem apenas com concorrentes locais; eles também estão competindo com empresas de outros países, tudo com base apenas em quanto imposto sobre vendas ou *'imposto de turismo'* é adicionado à fatura de um cliente em cada jurisdição.

Suponha que um país seja 10% mais barato, com base no imposto mais baixo sobre vendas. Nesse caso, atrairá receitas desses clientes que, de outra forma, poderiam ter viajado para aquele país mais caro. Um governo deve apostar no longo prazo para atrair investimento externo. O longo jogo para um departamento fiscal governamental é encorajar o investimento, encorajar os gastos, criar empregos, criar circulação de dinheiro e parar de tentar estrangular a galinha antes de ela pôr o ovo.

Se o dinheiro circula na economia, as pessoas compram coisas dentro dessa economia. Mas estrangule a economia e nada dessa circulação de dinheiro acontecerá. Em vez disso, o dinheiro flui para lugares que podem pensar num nível de consciência mais elevado.

Assistência Governamental: Embora geralmente não seja um fã de governos, estou sempre aberto a trabalhar com um governo que tenha a visão de ver o panorama geral e trabalhar em nome do melhor interesse do povo. Com tudo no estado atual, precisaremos de algum nível de interação governamental para atingir nossos objetivos. Isto significa que estamos inclinados a procurar um local onde o governo local esteja motivado para nos ajudar a alcançar o que queremos.

Por exemplo, contactei recentemente vários funcionários governamentais em vários países africanos, procurando a sua assistência para nos ajudar a localizar empresas locais nos seus países.

Dos seis países que contatei, apenas dois responderam.

O primeiro representante me disse que eu deveria contratar um consultor para compilar uma lista de empresas adequadas. Em contrapartida, o segundo representante enviou-me gratuitamente uma lista de empresas locais. Podemos ver neste exemplo qual é o que tem maior probabilidade de nos oferecer a assistência necessária para atingir os nossos objectivos, caso invistamos nesses países.

Recursos Naturais e Meio Ambiente: É essencial, ao considerar um local ou local, compreender quais os recursos naturais e as vantagens que ele possui, seja nesse local ou na comunidade local mais ampla. Por exemplo, como é o clima? É um deserto árido, uma floresta tropical ou um clima frio e com neve? Quantas horas de luz solar o local recebe por dia? Possui uma fonte de água limpa, como um riacho ou cachoeira, que você possa acessar?

Como são os níveis do vento? É adequado usar o vento para fornecer energia à sua comunidade? O vento está muito forte?

Representaria uma ameaça aos seus edifícios e infraestruturas? Que eventos climáticos ocorrem no local? Por exemplo, está no cinturão de furacões, sofre ciclones, existe risco de tsunami ou existe um vulcão ativo nas proximidades? É afetado por terremotos? Possui abastecimento de água do mar?

Há madeira no local? Quais fontes de alimentos o site possui? Que tipo de solo está presente? Pode ser tudo areia. Será possível cultivar alguma coisa no solo ou você precisará considerar outra coisa?

Tipos de terreno: Qual é a consistência do solo? É areia, é solo, é argila, é turfa ou é pântano? Ou talvez seja rock. Cada tipo de terreno oferecerá vantagens e desvantagens, dependendo dos seus planos. Embora a rocha forneça uma base sólida para construir, se você precisar nivelá-la ou cavar abaixo do nível da superfície, este será um trabalho longo e caro de esculpir a rocha.

Da mesma forma, me ofereceram um terreno em um local paradisíaco próximo à praia. O problema era que o chão era todo de areia. Embora não seja impossível construir sobre areia, como acontece em outros locais como Dubai, é muito mais caro construir sobre isso.

Um último ponto é quem detém os direitos minerais da terra. A última coisa que queremos que aconteça é construir uma aldeia privada, e então alguém aparece e começa a cavar em busca de petróleo porque possui os direitos sobre a terra. Quem tem direitos sobre a zona marítima envolvente se o terreno for junto à praia? Alguém pode construir uma plataforma de perfuração de petróleo bem na frente do seu resort?

Apoio ao Turismo: Se estiver planejando construir um hotel ou resort spa, o local apoiará esse tipo de negócio? Por exemplo, as atrações locais oferecem aos hóspedes algo para fazer? Como é o cenário? Fica perto de uma praia ou no meio de uma cidade urbana?

Requisitos de tamanho: A seguir, devemos considerar o tamanho necessário do site. É grande o suficiente para o que precisamos? Como guia da nossa perspectiva, se estamos considerando um hotel resort, nossa meta é construir um resort com até 100 chaves. Os tamanhos dos quartos são geralmente de 60 a 150 metros quadrados cada, com áreas públicas aproximadamente do mesmo tamanho que a área total do quarto, como regra básica. Se for construir um spa, este terá uma área mínima de 1.000 metros quadrados. Então, temos que considerar o espaço exterior.

Para uma aldeia privada, geralmente consideramos que a aldeia contém cerca de 100 casas e 100 apartamentos. Além da área residencial, devemos incluir espaço para instalações e a área central da vila. A densidade deve ser baixa em todos os nossos desenvolvimentos. Por exemplo, não quero morar em uma casa onde as propriedades se ignoram no empreendimento. Isso significa permitir pelo menos um acre de terreno para cada casa. Se construirmos um campo de golfe, geralmente serão necessários cerca de 200-300 acres para o campo padrão e outras instalações que desejamos criar.

Além disso, precisamos de um local grande o suficiente para abrigar as funções de apoio; por exemplo, precisamos considerar o *'escritório'* funções de uma vila ou resort hoteleiro, como lavanderia e oficina de manutenção. Também precisamos de espaço suficiente para cultivar alimentos, gerar eletricidade e lidar com o tratamento de resíduos. Como orientação geral, procuramos um local com pelo menos 1.000 acres para uma vila particular, incluindo um resort.

Se convertermos um site existente, ele deverá ser grande o suficiente para ser expandido. Por exemplo, suponha que encontremos um hotel resort existente que possamos atualizar. Nesse caso, o hotel deve ter capacidade de terreno suficiente para expandir para 100 quartos e abrigar todas as instalações mencionadas anteriormente sem se sentir superdesenvolvido.

Suponhamos que um governo se alinhe com os critérios estabelecidos neste capítulo. Nesse caso, o seu povo ficará muito mais feliz com os líderes do país. Os investidores têm estes requisitos, por isso um governo pode acomodá-los ou continuar com os mesmos problemas que tem tido durante séculos.

Otimizado

Este capítulo examinará os componentes de infraestrutura do projeto, incluindo edifícios, geração de energia, fontes de água e eliminação de resíduos, de uma perspectiva de sustentabilidade.

Propriedade

O abrigo é uma das necessidades fundamentais da humanidade. Esse abrigo pode ser uma tenda de lona ou uma cabana de madeira na montanha.

Alcançar essa necessidade fundamental tem dois problemas.

Primeiro, a pessoa média não pode comprar uma propriedade a menos que contraia dívidas. A dívida acorrenta o indivíduo a uma vida inteira de escravidão. O segundo problema é o produto, que veremos agora.

Quando falamos sobre *'o produto'*, queremos dizer a propriedade real. Você já percebeu como as novas casas são mal construídas hoje em dia? Paredes finas como papel dividem cômodos onde você mal consegue colocar móveis, quanto mais morar. Os jardins são minúsculos, cercados por uma frágil cerca de madeira de 2 metros, com vista para todas as casas da rua.

No Reino Unido, temos conjuntos habitacionais onde as propriedades estão tão compactadas que quase não é legal chamá-las de *'desanexado'*. A casa vitoriana média tem quartos maiores do que toda a área útil dessas casas recém-construídas.

Devo ser a única pessoa no planeta que se preocupa com o quão feios os edifícios se tornaram nos últimos 50 anos – caixas quadradas feias e sem carácter. Em busca de arquitetos para o meu projeto, olhei com decepção para cerca de 800 consultórios e seus projetos anteriores. O que aconteceu com a arquitetura, no que diz respeito à criação de belos edifícios? Uma criança de três anos poderia projetar um edifício com mais personalidade do que a maioria das empresas que conheci. A indústria da arquitetura perdeu a paixão pelo trabalho?

Muitas pessoas não vão gostar que eu diga isso, mas 95% dos arquitetos que consultei tinham projetos padrão – caixas quadradas básicas – sem graça, sem personalidade e feias, sem imaginação. Por que não criar algo em que você possa se orgulhar de colocar seu nome? Não queremos caixas chatas; queremos edifícios com personalidade nos quais possamos nos sentir inspirados.

Dirija pela maioria das cidades históricas do Reino Unido e você verá muitos edifícios horríveis e feios ao longo da maioria das ruas principais.
Nas cidades mercantis históricas, onde seria de esperar ver edifícios antigos, estes foram deixados em decadência enquanto eram rodeados por edifícios construídos nos anos 70, 80 e 90, todos em mau estado de conservação, com muito pouca manutenção realizada neles. .

Existem algumas exceções. Há uma pequena minoria de cidades e aldeias onde os urbanistas forçaram os promotores imobiliários a construir edifícios bem concebidos, de acordo com o património imobiliário existente. No entanto, estes tendem a estar nos locais mais caros porque suponho que devem acreditar que o resto do país é apenas onde vivem os camponeses.

Métodos e materiais

Na nossa comunidade insular, não temos recursos sobrando para desperdiçar na manutenção e reconstrução, duplicando nossos esforços continuamente.

Em vez de considerar apenas o custo inicial da construção inicial, devemos considerar todo o custo do ciclo de vida da nossa escolha de materiais. Isso significa, em vez de instalar algo com garantia de 12 meses porque é a opção mais barata. Em vez disso, instalamos algo com garantia de 30 anos que pode custar 10% mais, mas não precisa de manutenção contínua.

Utilizando um método de cálculo do custo do ciclo de vida, medimos o custo inicial, os custos de manutenção contínua e os custos de substituição durante um período fixo de, digamos, 100 anos, bem como quaisquer custos adicionais ou indiretos que possam ter, como o aumento do uso de energia. Ao considerar o custo do ciclo de vida de cada opção, consideramos quais os efeitos que a nossa escolha pode ter noutros elementos da construção ou no nosso plano diretor em geral.

É engraçado: eu assisti um *Grandes Projetos* episódio na TV há alguns meses. Neste episódio, alguém construiu para si uma casa que foi *'neutra em termos energéticos'*.
Com isso, ele o projetou de forma que não precisasse de aquecimento ou resfriamento, e sua fonte de energia vinha de um painel solar, então custou ZERO para ele administrar seu prédio. Se isso puder ser feito para uma casa, esse modelo poderá ser ampliado para se adequar a todos os edifícios de uma comunidade. Tudo se resume a projetar os edifícios com a intenção certa.

O custo de construção de edifícios será reduzido significativamente à medida que a robótica entrar na indústria. A transição para a robótica não acontecerá imediatamente; primeiro, ele passará para um modelo de construção totalmente externo/modular, entregue por meio de uma linha de produção, semelhante à forma como os carros são construídos. Enquanto escrevo isto, em 2024, a rota de produção modular está sendo adotada massivamente em novas construções.

À medida que este modelo for aperfeiçoado, veremos lentamente a introdução da robótica, tal como vimos com a fabricação de automóveis na década de 1990. Nas economias ocidentais, o elemento mão-de-obra do processo de construção representa uma parte significativa do custo total de construção.
Quando a robótica assumir inteiramente o processo, reduzirá o custo de construção em 80%, com uma casa sendo construída em dias, em vez de meses, se construída da maneira tradicional.

Isso levará à perda de empregos na indústria da construção? Não, provavelmente não, porque a indústria da construção sofreu uma escassez colossal de pessoal durante pelo menos 30 anos. Durante cada recessão, mais pessoas deixam a indústria em busca de empregos com melhores salários e, atualmente, estamos vendo toda a geração baby boomer deixando a indústria até 2030.

Embora eu não seja um fã da indústria da construção modular, ela oferece aos trabalhadores da construção uma experiência e variedade de trabalho de muito baixa qualidade, sendo essencialmente uma força de trabalho temporária até que a robótica seja poderosa o suficiente para assumir completamente o controle.

Se eu estivesse aconselhando a indústria da construção, recomendaria mudar para a fabricação modular externa ou me especializar em um dos nichos da construção onde a robótica não pode ir no momento, como a restauração de edifícios históricos.

Eventualmente, a robótica substituirá todas as funções manuais. No entanto, focar na conservação de edifícios é um pouco como a indústria de serviços automotivos especializados, onde você tem oficinas especializadas em nichos que restauram carros clássicos ou fazem ajustes especializados de desempenho. Eles ganham significativamente mais dinheiro do que uma oficina padrão que pode fornecer serviços mais gerais, como inspeções e reparos de veículos.

A próxima evolução do processo de construção é a mudança para a impressão 3D. Isso significa montar um gabarito no canteiro de obras, onde uma impressora 3D irá *'imprimir'* o edifício. Se for bem sucedido, veremos este modelo ser utilizado mais prontamente até 2030. Isto elimina os restantes elementos do custo envolvido em transporte e materiais.

Se tal tecnologia puder ser utilizada em tão grande escala, isso poderá tornar a indústria da construção, tal como a conhecemos atualmente, redundante. Em última análise, o edifício seria gratuito após o pagamento do equipamento de impressão 3D, dos seus materiais de origem (a impressora 'tinta') e a terra. Como é 'impresso' no local também não há custos de transporte e, com esse modelo, é possível construir uma casa em menos de três dias.

Nosso espaço de convivência

Você sabia que a pesquisa diz que nosso ambiente dita nossa mentalidade, e nossa mentalidade dita como o cérebro funciona e como percebemos nosso mundo?

Você acha que é apenas uma coincidência que essas comunidades do centro da cidade, os conjuntos habitacionais densamente povoados, as áreas sem jardins, sejam também aquelas com os trabalhadores mais mal pagos, as taxas de criminalidade mais altas e os níveis mais altos de problemas de saúde mental?

Faça a analogia do jardim. Se você não tem uma bela vista ou um belo *'panorama'* da janela da sua cozinha, talvez você não tenha um *'boa perspectiva'* em direção às suas aspirações de vida. O sistema foi projetado para suprimir uma grande parcela da população, pensando pequeno e se preocupando com a existência de sua roda de hamster.

Vivi neste ambiente duas vezes durante a minha vida adulta: em duas cidades distintas no Reino Unido. Nas duas vezes, meu estado mental caiu; era uma energia muito densa, como se algo estivesse me empurrando para baixo. É uma sensação bizarra de descrever. Pensar a longo prazo ou com visão ou clareza era um desafio e meus pensamentos estavam turvos.

Você não estaria lendo este livro se eu ainda morasse em uma dessas casas. Da mesma forma, se consigo enxergar quilômetros quando estou em algum lugar com cenário aberto, minhas ideias fluem continuamente.

Portanto, qualquer solução imobiliária deve incluir áreas de estar de bom tamanho, jardins de bom tamanho e muita privacidade. Seguindo a metodologia do feng shui, qualquer espaço de trabalho também deve ser dividido entre as cinco áreas de fluxo para permitir que as pessoas trabalhem no seu nível ideal de desempenho.

Mau estado de conservação

O terceiro problema com o atual estoque imobiliário e método de construção é que eles foram projetados para garantir trabalhos futuros para o setor de construção e manutenção imobiliária.

Através da manutenção constante e da substituição contínua, os custos do ciclo de vida do edifício são enormes e impedem-nos de atingir esse objectivo.

'liberdade de propriedade' aspiramos. Deixe-me lhe dar um exemplo.

Durante a minha carreira, estive envolvido em vários projetos de desenvolvimento imobiliário, desde a construção de novas casas, renovação de hotéis, construção de escritórios, construção de escolas ou renovação de antigos solares e castelos. Tenho notado algo muito diferente entre estes edifícios antigos e aqueles construídos mais recentemente. Os edifícios históricos necessitam de muito menos manutenção ao longo da sua vida útil. Um exemplo são as janelas. Muitos destes edifícios têm as esquadrias originais instaladas desde o dia em que foram construídos, há 300 anos.

Em comparação com edifícios mais modernos, apesar da manutenção regular, as janelas estão podres e precisam de ser substituídas em menos de 30 anos. Meus pais construíram uma casa em 1995 e, apesar da manutenção regular das esquadrias das janelas, 20 anos depois, pelo menos duas delas estavam podres. Você poderia ter optado por janelas de PVC, mas o PVC durará 300 anos? O que fazemos com todos esses resíduos de plástico quando chega a hora de substituí-los?

Esta necessidade constante de manter os nossos edifícios, sejam eles residenciais, comerciais, industriais ou agrícolas, é como dar dois passos para a frente e um para trás, sendo sempre impedidos de fazer progressos quando deveríamos ser capazes de construí-los e depois esquecê-los.

Às vezes sinto que os materiais que somos forçados a usar são projetados para criar essa carga de trabalho de manutenção contínua. Isto mantém a máquina económica em crescimento, o que aumenta os preços e aumenta a necessidade de contrair ainda mais dívidas.

Em 2018, uma empresa de tecnologia me abordou em busca de investimento para desenvolver ainda mais um novo produto em que estava trabalhando. Eles criaram um produto que não precisava de manutenção durante sua vida útil. Este produto era um sistema de incêndio comercial. Para fins de contexto, um sistema de incêndio comercial é normalmente instalado em edifícios comerciais, como hotéis, escritórios, lares de idosos, etc., e é usado para detectar incêndio nos edifícios. Esses sistemas geralmente precisam ser mantidos e testados regularmente, com peças individuais durando menos de dez anos.

Isto criou a sua indústria especializada, da qual fazíamos parte anteriormente, com o nosso negócio de contratação, por isso compreendo perfeitamente este produto.

Quando a empresa me abordou, eu ainda estava pensando que a maneira tradicional de fazer as coisas era a melhor e que, se esse produto fosse lançado no mercado, acabaria com uma indústria inteira, deixando milhares de engenheiros desempregados. Eu acreditava que o produto seria ruim para a raça humana.

Seis anos depois, acho que eliminar a necessidade de manutenção regular reduz o custo para as empresas onde ele é usado. Em vez de pagar pela manutenção, uma empresa pode investir essas poupanças noutras áreas de negócio.
Isso elimina a carga de custos de nossa vida diária. Muitos dos nossos sistemas são projetados para criar um custo ou confiança contínuos, pois esta é a única maneira de os sistemas existentes sobreviverem. Eles precisam continuar se alimentando.

Eliminar esses compromissos financeiros contínuos permite-nos viver com um custo muito mais baixo. Custos desnecessários são apenas mais algemas que nos mantêm acorrentados ao sistema. Se o nosso hotel não precisar substituir peças, o negócio gera mais lucro, que pode ser reinvestido em outros projetos. Mais importante ainda, não estamos a enviar o nosso dinheiro para uma terra distante, beneficiando uma entidade empresarial sem rosto. O dinheiro permanece local.

Considerando o potencial impacto que esta prática teria no desemprego, levará muito tempo até que a 'novo' práticas a serem implementadas. A maioria das pessoas não gosta de mudanças, especialmente quando há um custo significativo de substituição que acompanha essa mudança.
Neste exemplo de sistema de incêndio, são necessários 15 a 20 anos para ser totalmente implementado na maioria dos edifícios comerciais. Vamos considerar o alto nível de aposentadoria e requalificação de pessoas para outras carreiras versus o número muito baixo de novos ingressantes na carreira. Provavelmente não há um problema de desemprego.

Não haveria custo se não precisássemos manter nossos edifícios. Podemos investir esse dinheiro de forma mais proativa para melhorar nossas vidas.

Edifícios inteligentes

Os edifícios inteligentes são bons para a humanidade e para a nossa missão de liberdade? Embora os controladores lhe vendam uma imagem gloriosa de como os edifícios inteligentes e as cidades inteligentes fazem parte de uma sociedade utópica, direi a verdade. Qualquer pessoa que diga que as cidades inteligentes são fantásticas não compreende a tecnologia nem a razão pela qual está a ser implementada. As cidades inteligentes não são para o seu benefício como cidadão. Eles estão focados em vigilância e controle.

Embora sejam apresentados como uma solução para melhorar o fluxo de tráfego e reduzir as emissões de carbono, não precisamos que os carros autônomos sejam gratuitos.

Precisamos de menos pessoas tentando nos controlar, dizendo-nos como devemos viver, agir ou ser. A teoria de um edifício inteligente pode ser boa, mas também pode ser tão assustadora quanto o seu tio maior, uma cidade inteligente. Imagine uma geladeira que reordena sua comida automaticamente, para que você não precise ir ao supermercado. Parece bom, mas e se aquela geladeira fosse o único acesso à comida que você tinha e, um dia, ela simplesmente parasse de fazer pedidos para você? Parece uma fantasia? Esta tecnologia já existe, mas é necessário desenvolver uma rede inteligente para funcionar.

A rede inteligente e aqueles que a controlam podem determinar se esse dispositivo pode funcionar quando você precisar. O mesmo se aplica à sua TV ou dispositivos inteligentes, smartphone e até mesmo ao seu acesso à internet.

Se você tem sido um garoto travesso aos olhos do governo, desligar seu dispositivo do mundo exterior é muito fácil. Isso também pode significar desligar sua conta bancária. Em última análise, os ditadores do governo, juntamente com os seus financiadores corporativos, querem o controlo total sobre a sua população escrava. Você não tem vontade de trabalhar hoje? Dizer que está doente? Não se preocupe; eles terão um aplicativo conectado à sua pele para avisar se você estiver mentindo. Má sorte, é melhor você começar a trabalhar, a menos que queira perder alguns privilégios.

No entanto, existem benefícios em edifícios inteligentes. Ainda assim, elas já existiam muito antes de alguém falar sobre cidades inteligentes ou IOT (Internet das Coisas).

Então, onde traçamos a linha entre o que é bom e o que é ruim? A maneira mais fácil é dizer que qualquer sistema de controle, dispositivo ou sensor conectado ao mundo exterior não é bom e deve ser evitado. Qualquer coisa interna deve ficar bem.

Vamos considerar alguns exemplos benéficos. E os sensores que apagam as luzes quando não há ninguém por perto? Eles economizam eletricidade e não podem ser controlados externamente (a menos que estejam conectados a uma rede Wi-Fi). Se você pode controlá-lo pelo seu telefone, eles também podem!!!

Que tal um sistema de vácuo que suga as migalhas do carpete usando um sensor nos rodapés para detectar quando objetos estranhos caem no carpete. Isso significa que você nunca mais precisará aspirar. Isso seria uma coisa boa; isso libera seu tempo para realizar essas tarefas rotineiras de manutenção e não há razão para estar conectado ao mundo exterior.

Em relação aos sistemas domésticos inteligentes, é melhor evitar uma rede Wi-Fi e qualquer coisa que se conecte ao Wi-Fi. Se você precisar de uma conexão com a Internet para trabalhar ou transmitir TV, é melhor usar uma linha com fio que possa ser desconectada.

O Wi-Fi faz mal à saúde porque emite um campo eletromagnético. Isto significa que qualquer coisa que emita um CEM também deve ser colocada nesse *'lista impertinente'* e ser tratado com cautela ou totalmente evitado. Como muitas pessoas já sabem, os nossos telemóveis são igualmente prejudiciais para nós. Mesmo assim, continuamos a carregá-los o dia todo nos bolsos, literalmente fritando nossos órgãos reprodutivos. Os fones de ouvido sem fio que as pessoas adotaram são igualmente prejudiciais à saúde. Se as pessoas continuarem a usar esses dispositivos, veremos um aumento maciço nos casos de tumores cerebrais. Se quisermos ir ainda mais fundo, até os cabos de energia em torno das nossas casas emitem campos eletromagnéticos.

A estrutura do edifício

A próxima coisa que precisamos observar é a estrutura do edifício. De que é construído o edifício e qual é o método de construção? Um método moderno de construção usado nos países ocidentais é a construção passiva de casas. Teoricamente, a casa tem que ser hermética para que o calor não escape.

O problema com esse método é que o prédio fica tão hermético que nada consegue entrar e nada consegue sair. Agora, assim que você adiciona umidade ao espaço interno, seja através da respiração, roupas molhadas, toalhas molhadas, tomando banho, etc, de repente você tem umidade dentro do prédio que não consegue escapar, o que posteriormente cria mofo.

Agora, os felizes adeptos deste método de construção dirão que, desde que um bom sistema de ventilação esteja presente e funcionando, o mofo não causará problemas.

O problema com esta suposição e com o meu argumento é que ela depende do sistema de ventilação sempre funcionar perfeitamente durante o resto da vida do edifício. Quando um componente do sistema de ventilação quebra, a umidade permanece e não consegue escapar. Com que frequência você percebe se o ventilador do seu banheiro funciona em toda a capacidade projetada?

Estão disponíveis melhores métodos de construção alternativos que permitem que a estrutura da construção respire naturalmente. Isso significa que a umidade pode sair do edifício sem causar problemas de umidade ou mofo. A construção com cânhamo é apenas um método, mas existem muitas outras maneiras naturais de construir. Além de serem mais saudáveis para os ocupantes do edifício, também são mais sustentáveis e também não agridem o meio ambiente.

O cânhamo industrial tem muitos usos. Além da construção de edifícios, pode ser usado para fazer isolamentos, sabão, roupas, bioplásticos e fontes de alimentos. Mais de 25.000 produtos diferentes são feitos com cânhamo.

O quadro energético

O problema com o actual sistema de fornecimento de energia é que foi desenvolvido para tornar um pequeno grupo de pessoas extremamente rico. Indústrias inteiras foram financiadas, desenvolvidas e consolidadas na nossa vida quotidiana. Quando modelos alternativos ou fontes de energia foram descobertos, estes foram suprimidos, roubados ou simplesmente colocados fora do mercado.

No final de 1800, Nikola Tesla inventou um dispositivo para criar eletricidade gratuita. Tal como acontece com todas as invenções, precisavam de financiamento para serem lançadas no mundo. Então Nikola Tesla se uniu a Thomas Edison em uma missão para obter financiamento e lançar sua invenção para o mundo. Infelizmente, Thomas Edison não estava jogando pelo mesmo time, e já nos bolsos de J.P Morgan e John Rockefeller, eles roubaram as patentes das invenções de Nikola Tesla e depois as suprimiram, o que não foi visto até recentemente. Isto aconteceu porque JP Morgan e John Rockefeller eram os principais proprietários da indústria petrolífera e não queriam que ninguém entrasse e tirasse o seu reino, fornecendo dispositivos de energia gratuitos.

O mesmo aconteceu inúmeras vezes com outras invenções e negócios que *'foi enterrado'*. É claro que recentemente utilizaram tácticas muito mais secretas, introduzindo legislação que remove do mercado potenciais empresas emergentes e perturbadoras, limitando quem pode competir.

Até o atual sistema de patentes é concebido desta forma: papelada interminável, advogados caros, burocracia, processos morosos de submissão e aprovação e obstáculos legislativos a superar. Isto acarreta um custo inicial substancial, portanto qualquer *'pequeno inventor'* não pode se dar ao luxo de obter patentes. Às vezes, pessoas dessas indústrias concorrentes também aprovam ou recusam o processo de aprovação de patentes.

Depois temos subsídios no mercado, fornecidos por governos e ONGs, tornando ainda mais difícil para *'uma alternativa'* competir. Tomemos o exemplo de *Tesla* carros. Como empresa, *Tesla* nunca obteve lucro com a venda de seus veículos. No entanto, é uma das empresas mais valiosas do planeta.
A única razão pela qual sobreviveu tanto tempo são os subsídios e os contratos governamentais que recebeu. Só recebe estes subsídios porque o *FEM* e organizações semelhantes promovem a sua agenda sobre as alterações climáticas.

Os veículos elétricos existem há mais de um século. Evidências fotográficas mostram carros movidos a eletricidade no final do século XIX. Mais uma vez, estes foram suprimidos por grupos que controlavam os interesses petrolíferos. Assim, a tecnologia permaneceu discreta, embora possamos ver isso facilmente apenas olhando para um carrinho de golfe ou carros alegóricos das décadas de 1960 e 1970. Não sou um defensor dos veículos eléctricos, mas utilizo este exemplo para demonstrar como as soluções são suprimidas, a menos que seja adequado à agenda de alguém promovê-las, normalmente como mais uma ferramenta de controlo.

Suponhamos que tecnologias novas e melhores fossem colocadas em igualdade de condições, sem que todos os *'agenda agradável'* subsídios.
Nesse caso, veríamos um quadro muito diferente. Atualmente, suponha que sua solução beneficie a agenda de outra pessoa. Nesse caso, você receberá inúmeros subsídios e apoios. Ainda assim, se não servir esses interesses, o seu concorrente receberá esse apoio.

Se você observar como a energia é distribuída atualmente, tomemos o gás como exemplo. É retirado do solo e canalizado para uma planta de processamento de energia. O gás é aceso e queimado, o que gera eletricidade. A eletricidade é distribuída através de cabos e nos nossos edifícios. Eu simplifiquei muito, mas você entendeu.

Os custos envolvidos nesse processo são:
1. Encontrando a fonte de gás (exploração)
2. Tubulação do gás
3. Equipamento para converter gás em eletricidade
4. Cabeamento para distribuição de eletricidade
5. Manutenção do sistema
6. Imposto sobre o fornecimento

As primeiras quatro partes desse processo foram pagas há muitas décadas. Não precisamos continuar pagando por eles cinquenta anos depois. O item cinco inclui a substituição periódica de equipamentos. É aqui que estão os custos no sistema atual.

Com o item seis, uma parcela considerável do que pagamos pela nossa energia é composta por impostos pagos ao governo. Eles não fizeram nada por isso, mas ficaram com a maior parte da receita. Isso parece justo para você ou parece que alguém está irritando? Quando digo que eles não fazem nada para ganhá-lo, esqueço-me de mencionar que criaram o monopólio (chamam-lhe legislação) para manter em funcionamento todo o esquema da máfia.

Se uma parte externa centralizar o controlo sobre o nosso fornecimento de energia, pode exigir-nos resgate. Calor e comida são duas das necessidades fundamentais dos seres humanos. É fácil controlar uma população se controlarmos as suas necessidades básicas ou, neste caso, o seu fornecimento de energia.

Você sabia que mais de um bilhão de pessoas nem sequer têm acesso à eletricidade? Como poderia ser possível um futuro com veículos eléctricos se 20% da população não tem electricidade?

O objetivo final é tirar as pessoas da pobreza energética. Podemos fazer isso tornando a energia gratuita ou de custo muito baixo. Os dois custos neste *'ponte'* solução são o custo inicial da infraestrutura para construí-la e distribuí-la e o custo contínuo de manutenção ou substituição.

Estou propondo que, em vez de aproveitar o que é oferecido pelo sistema atual, a única maneira de sair deste sistema é criar o nosso próprio sistema localizado. *'fora da rede'* sistema energético. Tal como acontece com o resto dos tópicos deste livro, estou olhando para esta solução do ponto de vista de ser uma ilha no meio do oceano, então, essencialmente, se implementada, você teria vários *'ilhas'*, sejam onshore ou offshore, sendo cada um independente um do outro e independente da rede energética centralizada.

Toda grande solução precisa de uma metodologia ou processo para nos ajudar a alcançar esse resultado. Então, analisamos isso em três etapas: *Reduza, gere e gerencie.*

Reduzir.

Se estivermos em uma ilha, provavelmente teremos uma certa demanda de energia para funcionar diariamente. A ideia desta primeira etapa é reduzir esse nível de demanda energética. Podemos fazer isso usando fontes alternativas de energia ou tecnologias diferentes. Suponha que você decida instalar um novo sistema de aquecimento em sua casa. Se a sua casa tiver apenas janelas de vidro simples ou não tiver isolamento nas paredes, o *'demanda energética'* será muito maior. Você precisaria gerar seis vezes mais energia para alcançar o mesmo resultado. Portanto, ao reduzir primeiro essa demanda, você pode reduzir o tamanho da caldeira necessária.

Para reduzir a demanda de energia, você pode atualizar a iluminação para baixo consumo de energia, instalar novos vidros, instalar um sistema de ventilação com recuperação de calor e instalar isolamento.

Suponha que você esteja projetando o edifício do zero. Nesse caso, você pode projetá-lo para aproveitar os ventos laterais, por exemplo, reduzindo a necessidade de ar condicionado em países quentes.

Da mesma forma, em países frios, por exemplo, no norte da Europa, você melhoraria a espessura e a qualidade dos vidros nas janelas voltadas para o norte. Da mesma forma, em países mais quentes, poderá reduzir o impacto da *'ganho solar'*, que acontece quando o sol incide sobre uma janela, causando superaquecimento do ambiente, sendo necessário usar o ar condicionado para reduzir a temperatura novamente a um nível confortável.

Outros métodos poderiam ser procurar combustíveis energéticos alternativos. Por exemplo, um chuveiro elétrico pode ser substituído por um chuveiro alimentado por caldeira. Isso ocorre porque um chuveiro elétrico funciona como uma chaleira de ação rápida; aquece instantaneamente uma pequena quantidade de água, enquanto a água aquecida é gerada a granel por uma unidade movida a caldeira. Quando algo é gerado em escala, é mais barato gerar. Seguindo estes princípios, é possível reduzir a procura de energia num edifício padrão em 60-80%.

Gerar
Depois de reduzir suas necessidades de energia, você poderá gerar esse *'precisar'* localmente, no local ou como parte de uma fonte de energia comunitária compartilhada.

Se estivéssemos usando o exemplo da ilha, digamos que tivéssemos algumas casas na ilha, um hotel resort, alguns edifícios de trabalho e uma pequena escola. Poderíamos pensar em gerar energia para cada edifício individualmente. Ainda assim, seria mais eficiente e mais barato gerá-lo numa fonte central e depois distribuí-lo a cada edifício da ilha. Temos que considerar o custo de distribuição; se forem muitos quilômetros de cabeamento ou tubulação, o preço será muito alto e o *'perda de energia'* no sistema também aumenta com a distância.

Além de ser mais barato devido à sua escala, a beleza de um modelo de distribuição centralizado é que todos podem partilhar esse recurso. Por exemplo, com um edifício individual, você projetaria o equipamento para cobrir o *'demanda energética'*, mas alguns dias você pode precisar de um pouco mais. Para evitar escassez, adicione capacidade adicional a esse projeto. Isso significa que se você não usar essa capacidade, ela será desperdiçada. Com capacidade extra vem um custo extra porque o equipamento tem que ser maior, como baterias, tanques de armazenamento, equipamentos de queima, etc. Mas num modelo centralizado, outro edifício pode utilizar qualquer capacidade disponível e não vai para o lixo. Um modelo centralizado oferece muito mais flexibilidade na forma como essa energia é utilizada.

O tipo de tecnologia que você pode usar depende de onde você está localizado no mundo e dos recursos naturais disponíveis. Se você está perto do equador, a energia solar é uma boa escolha porque você tem sol em abundância como recurso natural.

Uma ressalva é que os painéis solares têm uma faixa de temperatura ideal, portanto, nos horários de pico do sol em um deserto, por exemplo, os painéis solares podem reduzir sua eficiência operacional ou, com o tempo, podem reduzir a expectativa de vida do painel.

A forma mais básica de geração de energia é a que temos tido nos últimos mais de 100 anos. Podemos queimar carvão, madeira, petróleo ou gás para gerar energia. Isso não é sustentável, pois há apenas uma quantidade finita. Não controlamos o seu fornecimento e, seguindo este caminho, nunca escapamos à escravidão energética que o sistema criou.

O outro problema com a distribuição é que alguma energia é perdida nessa rede de distribuição. Quanto mais longe da fonte, mais energia se perde. Há muitas razões por trás disso, desde um aumento nos níveis de resistência no caso da eletricidade até a perda de calor ao observar uma tubulação de distribuição de calor.

Se considerarmos um projeto, como o nosso exemplo insular, onde os edifícios estão espalhados por muitos quilómetros, pode ser mais acessível e mais benéfico criar múltiplas unidades de geração centralizadas, o que significa que ainda pode beneficiar da procura partilhada sem que o custo de distribuição seja inviável. alto.

Biomassa. Se cortarmos uma árvore e a queimarmos para gerar energia, poderemos obter energia equivalente a 2 a 3 semanas dessa árvore, mas demoraremos 40 anos para ela crescer. Neste caso, é uma fonte sustentável de geração? Provavelmente não. No entanto, fontes alternativas de combustível de biomassa, como o bambu ou o cânhamo, crescem mais rapidamente do que uma árvore. Você precisa de muito espaço para cultivar essa fonte de combustível e, quando cultivada, ela precisará ser colhida e processada antes de poder ser queimada. Todos esses são custos de recursos a serem levados em consideração na decisão.

Vento. Dependendo do seu nível de demanda e do vento, a viabilidade de usar o vento para fornecer eletricidade depende. O outro problema com as turbinas eólicas é que elas são feias e só funcionam bem dentro de parâmetros definidos de velocidade do vento. Se o seu local sofrer velocidades extremas de vento, isso pode danificar a turbina, portanto, normalmente, ela será desligada se o vento atingir o limite da turbina.

Bombas de calor. Uma bomba de calor retira calor do subsolo e o traz à superfície como calor/resfriamento para o seu edifício. Existem dois tipos principais de sistemas: primeiro, perfurar um buraco vertical muito profundo no núcleo da Terra e depois colocar um tubo dentro desse buraco. A segunda rota é colocar um tubo dentro de uma série de valas em uma formação horizontal no solo.

Com a primeira opção, devemos considerar a viabilidade de perfurar um buraco subterrâneo muito profundo. No nosso exemplo de ilha, provavelmente não é viável.
Precisamos de uma vasta área de terreno para instalar a tubulação horizontal da segunda opção. Esta área está sempre fora dos limites para desenvolvimento futuro, embora você provavelmente possa construir um campo de golfe sobre ela. As bombas de calor de fonte de ar

funcionam de forma semelhante, exceto que criam calor/resfriamento a partir do ar ao seu redor, e não do solo.

Energia solar fotovoltaica. A energia solar fotovoltaica pode ser usada como placas semelhantes a vidro ou, mais recentemente, como uma alternativa às telhas tradicionais. Também ouvi rumores sobre a integração da tecnologia fotovoltaica em vidros de janelas padrão. No entanto, ainda não vi nenhum exemplo da vida real. Prefiro evitar ver campos preenchidos com esses painéis; eles são feios e prejudicam a paisagem. Suponha que usemos energia solar fotovoltaica em um projeto de desenvolvimento. Nesse caso, preferimos imaginar um design mais inovador, mantendo-os fora da vista e ao mesmo tempo desempenhando uma dupla função.

Solar Térmico. Os painéis solares térmicos são semelhantes aos solares fotovoltaicos, mas em vez de gerar eletricidade, geram água quente. Eles contêm vários tubos, cada um aquecendo e alimentando um tanque de armazenamento de água quente. Do ponto de vista visual, eles se parecem muito com um painel solar fotovoltaico.

Energia hidrelétrica. A energia hidrelétrica pode ser viável se você estiver perto de uma fonte de água corrente. Da mesma forma, a energia das ondas pode ser usada para gerar eletricidade a partir do mar. Esquemas hidroeléctricos foram criados em muitas localidades rurais com dupla finalidade. A fonte de água também fornece abastecimento de água à comunidade. Ainda assim, ao recolherem a água no seu ponto mais alto através de uma barragem, geram electricidade à medida que esta é filtrada para a comunidade.

Hidrogênio. Sinto que o hidrogénio será um importante catalisador para alcançar a liberdade energética. Embora esteja nos seus estágios iniciais de desenvolvimento e seja bastante cara, a água é o recurso natural mais abundante neste planeta, portanto, encontrar uma maneira de aproveitar esse recurso é bom para todos nós. À medida que a tecnologia se desenvolve, o preço diminuirá.

CHP (calor combinado e poder). Produz calor/resfriamento e energia e é gerado pela queima de uma fonte de combustível. Tradicionalmente, a fonte de combustível tem sido o gás natural, mas a biomassa também começa a ser utilizada com mais frequência.

Digestão Anaeróbica (desperdício para aquecer). O que acontece com todo aquele lixo que você joga fora todos os anos? Em muitos casos, vai para aterro. Ainda assim, existe uma solução em que esses resíduos, em vez de irem para aterros, sejam utilizados para gerar energia.

Uma comunidade deve considerar se geramos resíduos suficientes para fornecer ao conversor de

resíduos combustível suficiente para satisfazer as nossas necessidades energéticas. Esta opção poderia incentivar-nos indiretamente a criar mais resíduos para não ficarmos sem energia.
Pode funcionar bem para uma empresa que produz resíduos como subproduto dos seus processos. Ainda assim, a imagem de pessoas que procuram desesperadamente lixo para manter o aquecimento ligado não se enquadra bem nas grandes empresas. *'Liberdade para a Humanidade'* visão.

Dispositivos de energia gratuitos. Como mencionado, muitas invenções foram suprimidas, enterradas e eliminadas ao longo do último século. Estas invenções começaram a surgir mais recentemente e as pessoas estão a trabalhar para criar os dispositivos de energia livre que deveriam ser. Tenho um manual sobre como fazer dez dispositivos diferentes de energia livre.

Biocombustíveis. Os biocombustíveis são menos uma tecnologia geradora de energia, mas vale a pena incluí-los como fonte alternativa de combustível. Estamos vendo agora o surgimento de muitos tipos de biocombustíveis, incluindo uma fonte de combustível equivalente para foguetes e outras aeronaves, que normalmente precisam de combustíveis de octanagem muito alta. Em seguida, são criados combustíveis especializados para automobilismo e carros de alto desempenho. No entanto, um dos biocombustíveis originais é o óleo vegetal reciclado dos nossos takeaways locais e fritadeiras de batatas fritas. Esta foi uma grande notícia há vinte anos, mas recentemente ficou silenciosa.

Baterias e células de combustível. Se estivermos gerando energia, há uma grande chance de não termos demanda suficiente para usar toda essa energia quando ela for gerada. No passado, isso significaria que grande parte dessa energia seria desperdiçada, sendo os painéis solares fotovoltaicos o exemplo perfeito. A electricidade é gerada durante o dia, mas a maior parte da nossa procura de electricidade ocorre à noite, quando está escuro, e precisamos de utilizar iluminação e equipamento de cozinha.

A criação de uma capacidade de armazenamento de energia deve ser uma grande prioridade como parte da estratégia energética mais ampla de qualquer projecto. Várias tecnologias de bateria estão disponíveis, desde baterias antigas de chumbo-ácido até baterias de lítio. Esta é uma área onde está acontecendo muito desenvolvimento, então qualquer coisa que eu escrever sobre a tecnologia atual provavelmente será notícia velha em seis meses.
As baterias e o armazenamento de energia são onde as mudanças mais significativas acontecerão nos próximos anos.

Devemos também considerar como descartaremos esses itens no final de sua vida útil. Podemos restaurá-los para que não precisem ser descartados no futuro?

Gerenciar.
A terceira etapa da estrutura que chamamos *'Gerenciar'* inclui como usamos o sistema no dia a dia, como nossos comportamentos. Mais importante ainda, trata-se de monitorar o equipamento e seu desempenho, mantê-lo adequadamente e substituir itens no final de sua vida útil.

Vamos supor que criamos uma fonte de energia para a nossa comunidade insular. Temos algumas baterias para armazenar essa energia.
Essas baterias podem durar dez anos, por isso precisamos de um plano para expandir a sua vida útil através de uma manutenção adequada. Ainda assim, queremos evitar um custo inesperado, daqui a dez anos, para substituir essas baterias. Portanto, como parte desse plano, pagamos uma quantia *'fundo de reposição'* para essa manutenção e substituição quando for devido. É muito mais fácil pagar £ 100 por mês agora do que £ 100.000 em uma data desconhecida no futuro. Este modelo de

fundo deve ser considerado em qualquer modelo de negócio comunitário.

As opções de água

As opções de água são bastante simples, embora também limitadas.

Reduzir: A primeira coisa a considerar é se podemos reduzir a procura de água. Uma maneira de fazer isso é reduzir nosso uso. Um exemplo é o uso de banheiros sem água.
Não estou dizendo que estas sejam as soluções ideais; Estou dando um exemplo de redução da demanda por água. Cada aplicação será diferente.

Reuso: A próxima opção é reciclar água. Para fazer isso, usamos o que é chamado *reciclagem de águas cinzas*. Por exemplo, tomamos banho com água doce. A água do chuveiro é filtrada e armazenada antes de ser usada na descarga do vaso sanitário.

Também podemos usá-lo para regar nossa horta. Se feito corretamente, também podemos usar a água do banheiro como fertilizante – chamada reciclagem de águas negras. Ainda assim, para evitar surtos de febre tifóide, isso deve ser feito corretamente.

Fontes: Em seguida, precisamos examinar nossas fontes de água. A coleta de água da chuva do telhado e de outros escoamentos, como ao longo de caminhos, é a próxima fonte natural. Se você conseguir coletar e armazenar o máximo possível dessa água, isso reduzirá a quantidade de água que precisamos de outras fontes.

Nas próximas *'captação de água da chuva'* está criando valas e represas na paisagem para captar e armazenar água naturalmente.

Quando todas as opções de coleta de água da chuva estiverem esgotadas, precisamos procurar outro lugar. A primeira opção é olhar para os riachos e rios de onde podemos tirá-lo. Antes de escolher esta opção, investigue o que está mais a montante, pois algo pode contaminar sua futura fonte de água. O próximo passo é fazer um furo. Perfurar até uma profundidade de 600 metros é essencial, uma vez que a água em profundidades mais rasas contém toxinas e escoamento de produtos químicos de fazendas vizinhas e fábricas de processos industriais.

Uma opção em comunidades mais pequenas e locais insulares é utilizar uma central de dessalinização, onde a água do mar é retirada e o sal removido, tornando-a segura para beber. Eles tiram água salgada do oceano e *'dessalgar'* através de osmose reversa, removendo o sal da água para criar água potável.

Tudo isso parece ótimo, considerando que o planeta tem muita água salgada. Ainda assim, o problema é que *'produto residual'* do processo de dessalinização há muita salmoura, que na maioria dos casos é bombeada de volta ao oceano em níveis massivamente concentrados. Esta alta concentração de sal mata toda a vida vegetal e animal ao seu redor naquela área, o que causa desertos subaquáticos. Assim, embora o processo de dessalinização crie mais do que consome, também tem um efeito prejudicial na vida marinha, tornando-o um processo não sustentável.

Uma última opção que vi usada em ambientes áridos desérticos é um sistema para reter a condensação. Este sistema é muito técnico para ser descrito neste livro, mas alguns vídeos online o explicam com mais detalhes.

A última coisa a considerar são os parasitas e bactérias na água e como removê-los. Existem vários métodos que podemos usar para matar qualquer bactéria indesejada.
Em pequena escala, temos pastilhas que podemos usar para purificar a água, tornando-a segura para beber. Outro método é adicionar produtos químicos, uma opção que não gosto. Também podemos usar filtros especiais, como filtros UV, que *'zap'* quaisquer bactérias à medida que fluem pelo

sistema. Quando eu era aprendiz de eletricista em 1995, trabalhamos com uma empresa de construção nas áreas rurais da Escócia, reformando antigas casas de pedra.

A maioria dessas casas não tinha estradas; usamos um veículo off-road 4x4 para alcançá-los. As casas ficavam demasiado longe da civilização para terem ligação à rede de abastecimento de água, pelo que, na maioria das vezes, tinham abastecimento de água privado, oriundo de um furo, de um poço ou, mais frequentemente, de um riacho próximo. De acordo com *'especialistas'*, esta fonte de água geraria vários parasitas. Ainda assim, o facto interessante é que nunca tivemos de bombear galões de cloro ou flúor para estas correntes. Instalamos um filtro ultravioleta básico na casa, que *'zap'* qualquer *'bactérias ruins'* antes de entrar em casa.

As opções de desperdício

Um dos maiores problemas do mundo é a necessidade de mais consciência sobre os resíduos no nosso ecossistema. Alguns podem dizer que a culpa é do consumismo, mas é muito mais fácil do que isso. Existem soluções disponíveis, mas poucos as conhecem porque é mais barato para o governo encher contentores com lixo e enviá-los para a Ásia. Muito disso é senso comum, mas se você não sabe que existe, bem, você nunca entenderá que existem opções melhores disponíveis.

Primeiro precisamos identificar o que entra em nosso ecossistema e quais possíveis resíduos esses itens podem produzir. Noto que alguns países, sendo o Ruanda um exemplo, proibiram totalmente a entrada de sacos de plástico no país. É ilegal trazer sacola plástica para o país. Seguir uma abordagem semelhante significa identificar cada item de resíduo potencial e entender se você tem um método para descartá-lo.

Controlar se alguém o trará para o ecossistema no futuro removerá completamente quaisquer problemas futuros para a sua comunidade.

No Reino Unido, o governo estúpido acreditava que a resposta para o problema dos sacos de plástico era os supermercados cobrarem às pessoas cinco pence por cada saco de plástico. Isto logo se tornou outro golpe para ganhar dinheiro, à medida que os supermercados abandonaram as sacolas mais baratas de cinco centavos e as substituíram por sacolas que custavam sessenta centavos. Era a mesma bolsa, mas com um preço muito mais alto. Não impediu o uso de sacolas plásticas. Eles não conseguiram compreender que as pessoas ainda usam sacos de lixo de plástico, que ainda são enviados para aterros sanitários – hectares e hectares de sacos de lixo pretos cheios de lixo.

Os conselhos locais no Reino Unido têm *'centros de reciclagem'*, onde os residentes podem levar as suas velhas caixas de cartão e resíduos de jardim, etc., e colocá-los em contentores dedicados para reciclagem.

Mas uma coisa que eles não resolveram são os itens eletrônicos que são jogados fora. Até há dois anos, grande parte deste lixo electrónico era enviada para o Gana, que possui a maior massa terrestre de resíduos electrónicos do mundo. Qualquer coisa, desde telas de TV a telefones celulares e ferros antigos. O solo é tão tóxico que o governo cercou a maior parte dele para evitar que os moradores locais o vasculhem. Durante décadas, governos de todo o mundo despejaram ilegalmente este lixo no Gana.

O primeiro passo é auditar o que entra no seu ecossistema e identificar itens com base na sua potencial produção de resíduos. A seguir, podemos considerar os métodos de descarte de cada tipo de resíduo.

Compostagem: Muito do que descartamos pode ser compostado. A regra geral da compostagem é,

'Se estiver vivido, pode ser compostado'. Isso significa que resíduos de alimentos, animais mortos, fezes de animais, plantas, cortes de árvores, papelão e até cortes de cabelo podem ser compostados.

O processo de compostagem é geralmente muito rápido, e um método leva apenas algumas semanas. Um benefício colateral da compostagem é que a pilha de resíduos em decomposição fica muito quente, portanto, passar um cano de água no meio da pilha de composto pode significar que água quente é gerada à medida que o calor da pilha de composto é transferido para o cano de água. O processo de compostagem cria uma fonte de solo rica em nutrientes que pode ser reutilizada na comunidade.

Porcos: Outros métodos de eliminação de resíduos incluem a alimentação de porcos com restos de comida. Os porcos comem os resíduos e criam muito estrume, que pode então ser colocado nos seus canteiros de comida e aumentar a qualidade nutricional do seu solo.

Canaviais: Para resíduos sanitários, podemos usar um sistema de canavial, onde os resíduos são coletados e os juncos limpam quaisquer toxinas deles. Também é rico em fontes nutricionais para o seu solo.

Os resíduos regulares do composto também podem ser adicionados aos canteiros de alimentos, transferindo todas essas fontes nutricionais de volta ao solo e ajudando as plantas a crescer.

Esta combinação de processos geralmente elimina cerca de 95% dos resíduos do nosso ecossistema. Ao auditar o que entra no sistema e compreender quais itens não podem ser descartados facilmente, podemos pesquisar maneiras específicas de descartar esses itens ou evitar que entrem no ecossistema usando uma alternativa.

Existem outras formas de destinação dos resíduos, que não mencionei até agora. Nossos governos usam métodos mais arcaicos, como cavar um buraco e enterrá-lo. Caso contrário, pode queimar, mas esta não é uma solução que me agrade por causa dos vapores tóxicos que cria.

Construção da Nave Terrestre: Você também pode construir edifícios com resíduos.
Por exemplo, existem muitos exemplos de pessoas que constroem casas com pneus velhos cheios de terra. Outros são construídos a partir de velhas garrafas de vidro. Se você herdar um local com muitos resíduos já existentes, um modelo Earthship pode ser a oportunidade perfeita para construir a comunidade gratuitamente e, ao mesmo tempo, resolver o problema dos resíduos.

Pagando pela infraestrutura

Precisamos considerar como pagaremos por toda essa nova tecnologia. Lembra-se do objetivo final da eletricidade gratuita? Existem várias opções mais óbvias.

Doação comunitária. Esta opção envolve a comunidade doando uma parte do custo inicial de desenvolvimento.

Investimento comunitário. Em vez de doar dinheiro, cada membro da comunidade investe no projeto. O veículo de investimento funciona até que o investimento seja reembolsado aos membros financiadores, ao mesmo tempo que fornece um dividendo anual a cada investidor no projeto até que o reembolso seja concluído. Cada utilizador de energia, ou a comunidade como um todo, paga pela energia que utiliza.

O veículo de investimento já existe hoje como uma ESco (Empresa de Fornecimento de Energia). A diferença entre este e o modelo existente é que quando os custos iniciais do projecto forem pagos, o custo da energia reduzirá drasticamente.

Fonte de receita. Um modelo alternativo é criar uma fonte geradora de receitas, como a construção de um hotel. Este hotel gera um lucro, que é utilizado para pagar o desenvolvimento inicial da infra-estrutura energética e a reparação e manutenção contínuas, o que significa que os membros da comunidade não pagam nada pela utilização da energia.

Empréstimo comercial. A desvantagem dessa opção, em relação às outras, é que cada centavo gasto para pagar o empréstimo retira dinheiro da circulação local. A dívida também acarreta juros. Nas demais opções, o dinheiro fica circulando na comunidade local.

Retornos investidos localmente. Utilizando os retornos de investimento da comunidade, conforme descrito no capítulo de fórmulas do livro, estes retornos de investimento são usados para pagar o custo mensal, tanto os custos de infra-estrutura como os custos de gestão e reparação contínuas.

Na realidade, a solução perfeita dependerá das circunstâncias do momento, incluindo se a sua comunidade tem algum dinheiro e se deseja investi-lo num projecto deste tipo. A solução pode ser usar uma combinação de todas essas rotas.

Mortal

Neste capítulo, examinaremos os elementos relacionados ao corpo humano, incluindo nossa saúde e as fontes alimentares que consumimos.

Saúde

O tema da saúde e como podemos melhorá-la é um tema interessante. Cerca de 98% da população sofre de uma grave falta de boa saúde. Já discutimos as razões por trás disso.

Agora, temos de olhar para algumas alternativas, primeiro curando as doenças das pessoas e depois considerando como prevenir novas doenças no futuro.

Estou melhorando continuamente nisso, mas com base em onde estava minha saúde há uma década, está significativamente melhor. Naquela época, minha saúde era provavelmente igual à de uma pessoa comum no Reino Unido. Excesso de peso, medicamentos prescritos de longo prazo, com uma lista de problemas de saúde que não iriam desaparecer. Eu tinha feito todos os tipos de exames e câmeras dentro de mim, mas o médico não sabia o que havia de errado comigo. A única resposta deles foi que eu teria que continuar aumentando a dosagem de cada medicamento pelo resto da vida.

A essa altura, eu já tinha parado de beber álcool depois de descobrir que era intolerante ao glúten, mas, como todo mundo da minha idade, antes disso, eu saía todo fim de semana; Eu bebia duas garrafas de vinho antes de sair, seguidas de 25 a 30 destilados. Estou surpreso que meu fígado não tenha desistido de mim.

Ainda assim, este caminho é muito semelhante ao da maioria das pessoas no Reino Unido, por isso é considerado um comportamento normal.

O sistema de saúde alopático existente não pretende resolver a causa raiz; apenas suprime o sintoma para fazer o paciente acreditar que o problema desapareceu. Além dos cuidados de emergência, como lidar com um osso quebrado, devemos repensar completamente a forma como cuidamos de nosso corpo. Isto envolve considerar formas alternativas de medicina e práticas de cura.

As desintoxicações de rotina são algumas das práticas que adotei desde que comecei a melhorar minha saúde. Quando falo sobre desintoxicação para as pessoas, elas têm a estranha ideia de que uma desintoxicação é apenas retirar a carne da dieta por um ou dois dias ou que é algum método para perder peso. Uma verdadeira desintoxicação significa purificar o que entra e remover quaisquer resíduos acumulados que já estejam dentro de você.

Isso significa fazer jejuns de água. Precisa ser água pura, não um coquetel tóxico de produtos químicos que seu governo fornece a você. Por que você tentaria se desintoxicar bebendo cloro e flúor? Não faz sentido.

Além disso, também precisamos nos livrar de quaisquer resíduos acumulados no corpo, e faço isso com um enema. Todo mês, faço jejum de água de 24 horas; a cada três meses, um jejum de água de três dias; e pelo menos uma vez por ano, um jejum de água de sete dias. Normalmente, faço um enema a cada jejum. Durante o processo de jejum, em vez de usar energia para digerir os alimentos, o corpo usa a energia não gasta para reparar células e tecidos danificados.

Desde que mudei minha rotina de saúde, há nove anos, não tomo nenhum medicamento farmacêutico. Durante esse período, não sofri nenhuma recorrência dos sintomas originais. Também me sinto muito mais saudável e tenho muito mais energia.

Reparar: Precisamos pensar em consertar nossos corpos quebrados. Não faz sentido visitar um spa para uma massagem se o motivo da necessidade dessa massagem não for corrigido primeiro. A intenção original de um spa era usar métodos naturais de cura para curar doenças do corpo. Com o tempo, isso se tornou uma experiência digna do Instagram, onde as pessoas sentam-se bebendo prosecco e se pintando de chocolate. Tornou-se o oposto da intenção original de uma experiência de spa. Não estou dizendo que a experiência piore a saúde do indivíduo, mas ficar sentado bebendo álcool não ajuda em nada.

Este tipo de negócio tem uma grande oportunidade de regressar à intenção original de um spa. Muitas pessoas procurarão métodos alternativos de saúde e essas empresas podem atender a essa necessidade.

Eles ainda podem atender às necessidades da equipe de selfies do Instagram, mas oferecem isso à medida que mais *'mimos de luxo'* oferecer, em vez do tratamento fundamental que resolve as doenças básicas das pessoas. Isso ocupa muito mais espaço do que apenas ter uma sala de tratamento e uma piscina coberta. Marcas tradicionais internacionais, como Six Senses, insistem em ter uma área mínima de 1.000 metros quadrados dedicada às instalações do spa, o que significa que uma empresa deve estar comprometida em fornecer um produto de spa aos hóspedes se quiser investir nesta escala de infraestrutura.

Uma vantagem para uma empresa que segue esse caminho é que ela pode atrair uma nova clientela e gerar fontes de receita adicionais. Suponha que a empresa seja um day spa sem instalações de hotel. Nesse caso, há uma clara oportunidade de adicionar os tratamentos básicos à oferta do spa, juntamente com quartos, um restaurante e outras linhas de produtos geradoras de renda.

Chegando aos tratamentos reais para o processo de restauração, podemos nos aprofundar em todos os tipos de terapias alternativas, desde o Reiki até as práticas ayurvédicas.
Também podemos incluir cerimônias de fitoterápicos com Ayahuasca e Iboga. Muitos desses remédios naturais alternativos existem há séculos. Por exemplo, na América do Sul, o tabaco é um medicamento de cura sagrado. É estranho como tudo o que a sociedade ocidental nos disse sobre coisas como tabaco e cannabis são produtos totalmente naturais. Ainda assim, sofremos uma lavagem cerebral para acreditar que eles são ruins para nós. Não é o tabaco que nos faz mal; é o alcatrão que acrescentam que nos mata.

Nossos ancestrais indígenas sabiam como se curar. A natureza tem respostas para tudo, bem na nossa cara. Tomemos como exemplo as urtigas; ao lado de cada canteiro de urtigas há também um canteiro de folhas de cais. Muitas plantas e ervas que cultivamos em nosso jardim podem nos curar. Outros métodos naturais de cura podem ser sais de tecidos ou óleos de aromaterapia. Tudo tem sua aplicação.

Uma das principais causas de nossas doenças é o que entra em nosso corpo, tanto o estresse alimentar quanto o ambiental.
Também podemos afetar nossa saúde com base em nossos pensamentos e condicionamento psicológico. Você sabia que algumas pessoas são gordas porque, inconscientemente, clamam por *ser visto* pelo mundo? Conseqüentemente, seus corpos assumem a tarefa de se tornarem tão grandes quanto possível para torná-los *visto*.

Outro exemplo é o que dizemos a nós mesmos. Você já percebeu que quando alguém é diagnosticado com uma doença terminal e é fornecido um prazo de expectativa de vida, a maioria das pessoas morre quase no momento exato que lhes foi informado? Ainda assim, ocasionalmente, um indivíduo rejeitará o diagnóstico e excederá em muito as expectativas de tempo fornecidas.

Conheço duas pessoas com quem isso aconteceu. O primeiro recebeu três meses de vida, mas ainda estava vivo sete anos depois. O segundo recebeu seis meses, mas morreu cinco anos depois.

A razão foi comprovada através de muitas experiências, onde se descobriu que o que dizemos a nós mesmos se torna verdade. Nossos pensamentos e nossas palavras criam nossa realidade.

Outra causa importante de problemas de saúde é a intolerância alimentar. Existem sete alimentos aos quais a maioria das pessoas tem intolerância. Quando digo intolerância, quero dizer que o corpo deles não consegue digeri-los, por isso cria todos os tipos de doenças, enfermidades e sintomas de enfermidades. Glúten, laticínios, ovos, soja, nozes, açúcar e sal. 70% da população tem alguma forma de intolerância ou alergia a pelo menos um deles. Embora eles possam não perceber, os sintomas podem ser qualquer coisa, desde letargia, refluxo ácido, dores de cabeça, enxaquecas, falso diagnóstico de SII (síndrome do intestino irritável) ou até mesmo dores nas articulações. O problema é que seu corpo não consegue digerir essas substâncias se você for intolerante a elas, então seu corpo as armazena como gordura e, com o tempo, elas começam a desenvolver tumores.

Quando descobri minhas intolerâncias, perdi vinte quilos em dois meses apenas por não comer alimentos que contivessem esses ingredientes. O sistema médico não irá mostrar isso como uma intolerância. Quando o médico me testou para glúten, o resultado do teste deu negativo. Isso ocorre porque eles testam uma alergia em vez de uma intolerância. Uma alergia ao glúten é chamada de doença celíaca; se você comer glúten como celíaco, provavelmente morrerá. Comer glúten quando você é intolerante causará enxaquecas, problemas respiratórios e vários outros sintomas não relacionados. Há uma grande diferença.

Você acha que é alguma coincidência que os profissionais de saúde natural e outros *'não alopático'* alternativas foram proibidas? Em algumas jurisdições, eles acarretam pena de prisão e até mesmo pena de morte. Esses *'curandeiros naturais'* foram apresentados ao mundo como *'louco'* ou praticar bruxaria satânica apenas por misturar algumas ervas naturais em uma tigela. Foi apenas nos últimos anos que coisas como a cannabis foram legalizadas sob condições estritas. Essas condições estritas criam uma maneira para o sistema tributar sua venda e uso. A única razão pela qual a maioria das drogas se torna ilegal é porque o governo não pode tributá-las quando alguém cultiva a planta em sua própria casa. A outra razão é que a indústria médica tradicional entraria em colapso se todos tivessem acesso a todos os medicamentos alternativos e técnicas de cura natural.

Princípios da zona azul

Se você nunca ouviu falar das zonas azuis antes, estes são locais ao redor do mundo onde grandes parcelas da população vivem até mais de 100 anos de idade. Diz-se que isso ocorre porque os habitantes de cada zona azul vivem suas vidas seguindo certos princípios, que compartilharei a seguir. Esses princípios são uma escolha de estilo de vida que conduz a uma vida longa e saudável. Esses princípios devem ser adotados em todo desenvolvimento comunitário.

Os princípios da zona azul são:

Mova-se naturalmente: Eles não correm maratonas nem passam a vida em uma academia. Eles vivem em áreas que exigem movimento sem pensar nisso, como cultivar uma horta, por isso fazem exercícios regularmente sempre que entram na horta.

Objetivo/ikigai: Cada pessoa tem um propósito, uma razão pela qual acorda de manhã

Redução de marcha: Eles seguem rotinas para se livrar do estresse

Regra dos 80%: Faça a menor refeição no final da tarde e no início da noite. Comer apenas até que estejam 80% saciados e nunca comer até o ponto em que se sintam saciados.

Inclinação da planta: Seguir uma dieta baseada principalmente em vegetais, comendo carne em média apenas cinco vezes por mês

Vinho @ 5: Beber álcool moderadamente, mas regularmente. Beber 1-2 copos todos os dias

Pertencer: Pertencer e seguir uma fé ou sentimento de união.

Entes queridos primeiro: manter a família próxima, incluindo pais e avós, ter um companheiro para a vida e investir tempo com os filhos.

Tribo certa: Estar no círculo social certo, um grupo que promove comportamentos saudáveis

Estes nove princípios podem melhorar a nossa esperança de vida em 10-12 anos. Ao projetar nosso ambiente de acordo com esses princípios, os moradores da comunidade não precisam *'tentar'* viver o caminho da zona azul; eles vivem isso naturalmente, pois é a única maneira de serem.

Podemos fazer isso de forma muito simples, por exemplo, tendo instalações desportivas como campos de ténis, piscinas e campos de golfe.

Podemos ter uma horta comunitária e construir caminhos públicos em áreas que aumentem naturalmente a frequência cardíaca. Áreas para meditação, ioga e artes marciais podem ser uma maneira fácil de desestressar, e desenvolver nossa comunidade tendo em mente a vida multigeracional significa que todas as gerações estão próximas umas das outras, promovendo novamente o princípio de estar perto dos entes queridos.

Comida

Se você tem a ilusão de que tudo o que come de fontes alimentares convencionais é bom para você, tenho notícias devastadoras. Tudo o que você come no supermercado ou no fast food prejudica a saúde.

Tomemos como exemplo a conhecida rede de fast food. Seus hambúrgueres nem são feitos de carne de verdade. Eles são cultivados em laboratório para terem gosto de carne. É hora de começar a questionar o que colocamos em nossos corpos.

Com todos os produtos químicos pulverizados sobre os nossos alimentos, não é de admirar que as pessoas estejam doentes e cheias de doenças. Para sermos saudáveis, precisamos começar pelo que colocamos na boca: comida e bebida. Diferentes climas e tipos de solo determinam o que podemos cultivar e quando. Também precisaremos de áreas de cultivo alternativas, como politúneis protegidos ou estufas. Algumas pessoas também usam áreas aquecidas para cultivar alimentos durante a estação fria.

Também queremos maximizar a eficiência da nossa produção alimentar. Já analisamos a geometria sagrada como um método para aumentar o rendimento da produção. Outro método é a eletrocultura.

A eletrocultura funciona captando eletricidade na atmosfera ao nosso redor e aterrando-a, fazendo-a fluir através de nossos leitos alimentares. As pessoas normalmente obtêm rendimentos de 2 a 3 vezes a sua taxa média de crescimento ao adotar os princípios da eletrocultura.

No que diz respeito aos requisitos de espaço, se utilizarmos canteiros elevados para cultivo, novamente dependentes da fertilidade do solo, precisaremos de cerca de 300 pés quadrados por pessoa para produzir vegetais suficientes para uma pessoa sobreviver durante todo o ano. Adicionar frutas e quaisquer fontes de carne aumentará a necessidade de tamanho.

Precisaremos de espaço para incubação, como um galpão para vasos ou uma estufa para o cultivo de sementes, e também desejaremos criar instalações de armazenamento e uma área de preparação. Portanto, um depósito de raízes é uma boa opção de armazenamento, pois evita que a luz solar e o calor cheguem aos alimentos. Muitas pessoas usam conservas para armazenar alimentos para o inverno. Mesmo assim, é melhor armazená-lo em potes de vidro, pois evita que os metais da lata penetrem nos alimentos.

Portanto, nosso plano comunitário inclui uma horta, um spa alternativo e todos os princípios da zona azul.

Conhece a ti mesmo

Uma das minhas paixões é ter uma visão e ver essa visão ganhar vida. Provavelmente é por isso que sempre gostei de incorporações imobiliárias. Se tenho tudo que preciso na vida, não me importo com dinheiro; minha intenção final é criar algo bonito, seja uma linda casa, um hotel resort ou uma vila que reúna tudo neste livro em um único projeto. Ver essa visão ganhar vida é o que eu gosto, mas é muito mais profundo do que isso. O processo de criação é apenas uma ferramenta que recebi para atingir um propósito muito mais profundo.

É como este livro. Qualquer renda que eu receber com a venda deste livro será pequena em comparação com as mais de 1.200 horas que investi em escrevê-lo e com a vida inteira aprendendo-o. Não estou escrevendo com a intenção de *'perseguindo dinheiro'*; Estou fazendo isso porque tenho uma visão de uma maneira melhor de viver fora dos sistemas governamentais autoritários e quero compartilhar essa visão fornecendo um roteiro para chegar lá. Compartilho essas ideias e pensamentos para lançar o chamado – o chamado para aqueles que ressoam com a mensagem para que possamos fazer isso juntos. O livro pretende reunir almas que pensam como você.

Mas o problema da maioria das pessoas é que elas não estão no verdadeiro caminho. Quando não estamos no caminho destinado, fazemos duas coisas. Primeiro, subimos a escada de outras pessoas, acreditando que é a nossa. O que quero dizer com isto é que somos facilmente influenciados pela sociedade, pelas nossas famílias e pelos chamados gurus, pensando que deveríamos copiar exactamente as suas ideias. *'fórmula do sucesso'*. Fazemos escolhas de carreira com base no que os outros acreditam ser melhor para nós.

Noutros casos, somos sugados pelo mais recente esquema de enriquecimento rápido. Quantas pessoas foram atraídas para investimentos imobiliários, negociação forex, compra de empresas, criptografia, NFTs ou golpes de marketing multinível nos últimos 15 anos?

Esse pode ser o caminho deles para uma pequena parte, mas para o resto, eles estão perseguindo o estilo de vida daquela pessoa que vende o sonho. Os poucos que lutam para subir na hierarquia descobrem que não é isso que querem e que não os faz felizes. Mas a maioria das pessoas passa décadas tentando subir essa escada, sem nunca chegar mais perto da linha de chegada desejada.

O segundo caminho que alguns tomam quando não estão no verdadeiro caminho é voltar-se para o *'lado escuro'*, Seja isso um crime flagrante ou apenas a intenção de ferrar as pessoas. Fui muito prejudicado pelas pessoas com quem trabalhei; essas eram pessoas em quem eu confiava. Mas se as pessoas estivessem no caminho certo, não precisariam escolher essas opções.

Algumas semanas atrás, recebi um e-mail de alguém tentando me chantagear por dinheiro. Suspeito que tenha sido o mesmo golpe que esse indivíduo aplica a todos. Qualquer outra pessoa poderia ter simplesmente cumprido as exigências*'para fazer o problema desaparecer'*, mas no meu caso, eu sabia que a chantagem dele não era verdadeira. Ele pediu que eu lhe enviasse £ 1.500 em Bitcoin em 48 horas, ou então ele compartilharia um vídeo meu, aparentemente me masturbando vendo pornografia. Eu pensei, uau, imagine que prazer as mulheres teriam se assistissem isso. Mas depois da minha excitação inicial, percebi que não era verdade - não via pornografia há mais de quinze anos. Você pode imaginar minha decepção depois de perceber isso.

Nos EUA, há dois milhões de pessoas no sistema prisional. Estatísticas semelhantes são compartilhadas pela maioria dos países do mundo. Se todos estivessem no seu caminho, quase não haveria crime – pelo menos, nenhum crime originado do desejo de obter dinheiro e bens.

A maioria das pessoas não gosta de seus empregos. Se você vai trabalhar com a única intenção de ganhar dinheiro, isso se chama escravidão. O trabalho, em geral, não é escravidão.
Mas, quando você troca seu tempo por dinheiro, fazendo algo que você não quer, isso é escravidão. Ainda assim, o pior de tudo é que você está se escravizando.

Se você conseguir isso *'Sentimento de segunda-feira de manhã'*, é a sua alma lhe dizendo para mudar alguma coisa. Descobrir o que é isso *'coisa'* O que é - talvez sejam as pessoas, talvez seja o chefe, talvez você simplesmente não esteja satisfeito ou entediado - é provavelmente o seu ponto de partida para perceber que esse não é o seu caminho.

Na minha carreira, acho que sempre estive no meu caminho; só que, às vezes, provavelmente permaneci muito tempo em uma seção desse caminho, o que me causou muito estresse interno. Isso sempre se resumia a uma profunda infelicidade, embora eu não entendesse por quê.

Por quê você está aqui? Eu não saberia por que estou aqui se você tivesse me perguntado há vinte anos.

Ainda assim, eu sabia que deveria ser algo mais significativo do que apenas licitar e entregar contratos em nosso negócio na época. Só de pensar que repetiria o mesmo processo básico pelo resto da minha vida, dia após dia, semana após semana, ano após ano. Foi realmente para isso que fui colocado neste planeta? Foi aí que se enraizou meu desconforto interior, a ideia de que repetiria o mesmo padrão todos os anos durante 50 anos e depois morreria. Tem que haver mais na vida do que a existência da roda de hamster.

Meu maior problema na época era que ninguém ao meu redor via isso como um problema. Eles ficaram felizes em fazer isso pelo resto da vida - eles não conseguiam entender por que eu não iria querer isso para mim também.

O caminho que percorremos nos dá as ferramentas necessárias para cumprir nosso propósito. As habilidades que aprendi durante minha vida e os trabalhos que fiz são as ferramentas; eles não são o propósito. É como passar por um aprendizado. Aprendemos as habilidades que usaremos mais tarde. Passamos por essas diferentes experiências para nos moldarmos na pessoa que precisamos ser para cumprir nossa missão.

Quando alguém desempenha um determinado papel na vida acreditando que esse é o seu propósito, não acredito que esse papel seja o verdadeiro propósito. Deixe-me lhe dar um exemplo. Imagine alguém que é um excelente orador; eles praticaram e aperfeiçoaram suas palestras e viagens pelo mundo, e suas palavras tocam a alma das pessoas. Eles podem acreditar que este é o seu propósito. Eu iria além disso. Sua habilidade de falar em público é apenas sua ferramenta; é o veículo deles. Seu verdadeiro propósito é espalhar uma mensagem. Para um palestrante motivacional, essa mensagem pode levar as pessoas ao seu verdadeiro caminho. O meio não é a mensagem; é apenas o canal para essa mensagem.

Ainda estou tentando descobrir um caminho claro para encontrar seu propósito. O universo provavelmente deixou pistas em seu caminho por um tempo, e você as ignorou ou as rejeitou totalmente. Posso compartilhar os pontos de junção que encontrei para me ajudar a identificar os meus.

Um sistema que eu recomendo para ajudar com isso é um sistema de criação de perfil chamado *Design Humano*. Este sistema é único para todos. Eu sou um '*6/2 projetor mental*' com um '*cruz de desafio no ângulo esquerdo*'.

A menos que você tenha estudado o sistema, isso não significará nada. Ainda assim, em termos simples, fornece uma visão do meu propósito e de como o cumpro.

Curiosamente, tudo se relaciona com tudo o que fiz e com o que sou apaixonado há mais de duas décadas.

Estou aqui para ajudar a criar um novo futuro para a humanidade, livre dos sistemas atuais, sendo um modelo e guia para outros, tudo baseado na partilha das minhas experiências. Escrever este livro é um passo rumo a isso.

A próxima área a considerar, que pode ajudá-lo a seguir o caminho certo, é o que você está inspirado a fazer. O que você mais gostaria de fazer se não tivesse que trabalhar todos os dias? Que tipo de programa de TV você mais gosta de assistir e por quê? Quais são seus interesses? Se você pudesse fazer algo pelo resto da vida sem ser pago por isso, o que seria? Cada vez que você fizer algo, pergunte-se esta pergunta.

Sempre tive paixão por incorporação imobiliária. Adoro ver algo se transformar e minhas visões ganharem vida. Estive neste setor durante toda a minha vida; Eu nasci nisso, assim como meus pais, avós e bisavós estiveram lá durante toda a vida. Minha outra paixão, que sempre esteve latente nos bastidores e me conduzindo nos bastidores, é a busca pela liberdade e pelas viagens. No seu nível básico, sempre me rebelo contra as pessoas que me dizem o que fazer - seja uma figura de autoridade, um cliente ou o governo; E morei ou trabalhei na maioria das cidades do Reino Unido, mas sempre tive vontade de criar negócios em outros países. Adoro conhecer novas culturas e provavelmente tenho mais amigos internacionais do que os do Reino Unido.

Em 2015, fui voluntário em uma instituição de caridade que apoiava pessoas em situação de rua em West Midlands, Reino Unido. Nesta instituição de caridade, distribuíamos comida e bebida às pessoas que viviam nas ruas de Wolverhampton. Como parte desse projeto, decidi dedicar uma semana do meu tempo para ajudar um dos moradores de rua a voltar ao trabalho, à sociedade e a sair das ruas. Montamos uma casa para ele e eu andei pelas ruas de Wolverhampton, conversando com todas as empresas, tentando encontrar um emprego para ele.

O problema era que, embora ele estivesse grato por eu ter preparado isso para ele, ele não queria isso. Ele não queria fazer parte da sociedade tradicional.

Eu não conseguia entender então, mas ele estava feliz do jeito que estava. Percebi que é porque ele alcançou a liberdade do sistema. Viver nas ruas e implorar por alguns trocados pode não ser minha ideia de Liberdade, mas é uma forma de Liberdade, e ele ficou feliz com isso.

Eu usei uma ferramenta online chamada *'O teste da paixão'*. Eu recomendo tentar você mesmo. Esta ferramenta ajuda você a identificar suas cinco principais paixões gerais. Não é de surpreender que, se você olhar meu perfil na plataforma, verá que minha paixão número um é a Liberdade. Você pode encontrar a avaliação na plataforma geniu.com.

Há um papel para todos na sociedade. Esse papel pode ser cuidar das crianças. Pode ser gerenciar projetos. Algumas pessoas são naturalmente dotadas para funções específicas. Eles acham esses papéis mais agradáveis e mais fáceis de desempenhar do que outros. Se criássemos uma sociedade utópica, precisaríamos de todos os tipos de conjuntos de habilidades naturais. Onde viveríamos se não tivéssemos um construtor naturalmente qualificado? O construtor só pode construir uma casa se alguém cuidar dos filhos. E como é que todos comeriam se não tivéssemos alguém para cultivar ou cozinhar os alimentos?

Embora um trabalho possa parecer escravidão para uma pessoa, para outra, é um processo meditativo. Nosso problema como sociedade é que muitas pessoas estão presas a desempenhar papéis que odeiam *'ganhar dinheiro'* no final da semana.

Se todos seguissem os caminhos pelos quais são apaixonados, essa dinâmica mudaria e todos ficariam felizes trabalhando nas funções de que gostam.

Suponha que você possa fazer um inventário de todas as suas habilidades, das coisas que você faz e das experiências que você gosta. Nesse caso, essas são as ferramentas que você utilizará para cumprir seu propósito, assim como nosso exemplo do palestrante motivacional. Essas habilidades não são necessariamente coisas que você faz muito. Adicione isso à sua lista de inventário de habilidades.

Se eu retroceder vinte anos, sempre gostei de criar novas ofertas de serviços para o nosso negócio. Criamos menos de três novas ofertas de serviços por ano, mas fui responsável por criá-las. No total, gastei entre 50 e 100 horas criando cada nova oferta de serviço, tempo gasto quando não tinha mais nada para fazer. Lembro-me de pensar que isso era algo que eu gostaria de fazer em tempo integral.

Ainda assim, ocupava uma pequena parte do meu tempo com o resto do negócio, gerenciando projetos e mantendo os clientes satisfeitos.

Suponha que você já tenha feito um teste de perfil de personalidade. Nesse caso, você provavelmente concordará que 99% deles não oferecem um caminho de vida. Eles tendem a colocá-lo em uma caixa e deixá-lo um pouco desapontado – uma sensação de *'isso é ótimo, mas e agora? Como posso usar essas informações para avançar?'*

Dinâmica de Riqueza, criado por Roger Hamilton, é um sistema que fornece um caminho útil. O sistema funciona com base na premissa de que existem oito tipos principais de pessoas. Cada tipo tem um caminho totalmente diferente para o sucesso em suas vidas, de uma forma que é natural para eles. Para alguns, trata-se de destacar outros; pessoas como Oprah Winfrey tiveram sucesso durante toda a sua carreira. Para outros, trata-se de ver o futuro e criar um produto ou negócio que se alinhe a ele.

Pessoas como Elon Musk, Walt Disney e Richard Branson compartilham esse tipo de personalidade. Este é o meu tipo de personalidade também. Embora a maioria das pessoas ouça o título *'dinâmica de riqueza'* e desanime, pensando que se trata de administrar seu dinheiro, como diz Roger, *'riqueza é o que resta depois que todo o dinheiro é tirado'*. Como Einstein disse uma vez, *'Todo mundo é um gênio. Mas se você julgar um peixe pela sua capacidade de subir em uma árvore, ele viverá a vida inteira acreditando que é estúpido..* A Dinâmica da Riqueza trata primeiro de aprender que você é um peixe e, em seguida, desenvolver essas forças naturais, em vez de viver a vida inteira seguindo a estratégia de sucesso de outra pessoa.

Embora não percebamos, todos nós temos uma combinação de doze crenças inconscientes fundamentais que orientam nossas ações todos os dias. Essas crenças foram impressas em nós nos primeiros sete anos de infância. Eles comandam a vida da maioria das pessoas se você não tiver conhecimento deles. Infelizmente, não podemos nos livrar deles, mas se estivermos conscientes deles, podemos aprender a perceber quando podemos estar prestes a sabotar algo em nossas vidas.

Você já percebeu como algumas pessoas repetem padrões específicos repetidamente?

Até alguns anos atrás, passei toda a minha carreira repetindo o mesmo padrão inconsciente. A situação era sempre diferente, mas o resultado era sempre o mesmo. Algo simplesmente funcionou quando aprendi sobre essas doze crenças fundamentais que nos guiam, e fez todo o sentido.

Toda a minha vida foi dedicada a buscar a validação e a aprovação do meu pai. Quando aprendi isso, pensei imediatamente nas vezes em que contaria ao meu pai sobre uma ideia de negócio, apenas para pedir sua aprovação. Cada negócio, projeto, ideia e experiência de vida tem sido uma forma de receber seu reconhecimento, aprovação ou validação.

O problema é que, se essas crenças subconscientes nos guiam, nunca conseguiremos o que procuramos, porque se isso acontecesse, destruiria a nossa crença subconsciente, por isso a nossa mente obriga-nos a fazer algo para sabotá-la antes de chegarmos a esse ponto. ponto mágico.
Então imagine passar a vida inteira tentando obter a validação de outra pessoa e falhando constantemente. O triste é que, ao tentar preencher esse buraco, você nunca chega onde sua alma realmente deseja.

Embora você não consiga se livrar dessas crenças, você pode estar ciente delas. Cada vez que você toma uma decisão, ou se tiver uma visão para algo em sua vida, se estiver ciente dessas crenças que orientam seus pensamentos, você poderá começar a perceber se deseja isso. *'coisa'* ou se são suas crenças subconscientes tentando preencher um buraco. Se você estiver interessado em aprender mais sobre isso, inscreva-se em um curso chamado *'Crie seu destino'* por William Whitecloud.

Educação

As crianças de hoje saem da escola com muita *'conhecimento falso'*, memorizado em livros didáticos, frações invertidas e assim por diante. Ainda assim, faltam-lhes as competências básicas de vida que todo ser humano necessita para funcionar neste mundo.

Este livro não é um recurso que sugere um caminho passo a passo para mudar o sistema educacional, mas devemos descartar o sistema atual e começar de novo. Não estou culpando os professores. Conheço muitos professores que reclamam do sistema educacional e de como ele é estúpido.

Ainda assim, eles são forçados a entregar o currículo que lhes é apresentado. Muitos dos professores que conheço já abandonaram a profissão docente porque ficaram muito frustrados por ela não atender a uma grande proporção dos alunos.

Devemos começar dando a cada aluno ou pessoa um programa de aprendizagem personalizado. Cada pessoa recebe as habilidades básicas de leitura, escrita, matemática básica, inglês básico e talvez um pouco de ciências, mas também habilidades para a vida, como cultivar sua fonte de alimento, cozinhar, resolver problemas e se comunicar. Depois de compreendermos o básico, podemos nos concentrar em uma abordagem de aprendizagem ao longo da vida.

Em vez de ficarmos sentados em uma sala de aula durante anos, passamos um dia por semana dedicados a aprender um assunto que nos interessa, tudo com base em um objetivo específico que queremos alcançar.

Além de termos um dia por semana dedicado ao aprendizado, poderíamos também ter um mentor no assunto: alguém que já trilhou o caminho que queremos seguir. Essas pessoas podem ser como os mais velhos da comunidade. Se não aprendermos com as gerações anteriores, a raça humana nunca evoluirá para o próximo nível. Continuaremos a começar do zero e cometeremos os mesmos erros repetidamente.

Não seria este um sistema de aprendizagem melhor, especialmente quando transitamos de uma aprendizagem 100% presencial para um método de aprendizagem imerso na matéria escolhida? É assim que os humanos são projetados para aprender. Não somos robôs, então por que aprenderíamos como robôs?

Conclusão – Usando a estrutura em sua própria vida

Ao longo destas páginas, destacamos alguns dos mais nefastos atos de maldade cometidos contra a raça humana há mais de um século. Não importa se você segue minhas sugestões; o objetivo é libertar-se dos sistemas atuais, tornando-se menos dependente deles.

Eu lhe dei uma estrutura para fazer isso. Embora eu tenha adotado a abordagem de um modelo de negócios, criando uma sociedade totalmente nova e funcional fora dos sistemas tradicionais, tudo se resume a substituir os sistemas deles por um dos seus. Se você quiser meio litro de leite, pode comprá-lo no supermercado ou adquirir sua própria vaca leiteira. Esta é a opção extrema, mas é apenas um exemplo fácil de sair do sistema e tornar-se menos dependente dele. Você é muito mais difícil de controlar quando depende menos dele.

Compartilhei algumas idéias para possíveis soluções para esses problemas. Ainda assim, alguns podem considerá-los opressores e se perguntar por onde começar. Sugiro uma ação que você pode realizar para iniciar esse processo de transformação. Qualquer mudança pode parecer assustadora para a maioria das pessoas, especialmente se for um novo caminho e você tiver apenas evidências limitadas de pessoas que o fizeram com sucesso.

Tudo começa com você. Ninguém está vindo para salvá-lo. Ninguém vai mudar as coisas por você. A reeleição de Donald Trump como presidente não vai mudar nada. O *'chapéus brancos'* não estão vindo para salvá-lo, apesar de toda aquela falsa esperança espalhada pela comunidade da nova era. Nada muda a menos que você mude. Pare de depender de outra pessoa para vir e consertar isso para você. Levante-se e faça algo você mesmo pelo bem de sua família.

Eu sugeriria trabalhar com outras pessoas, formar equipes, colaborar e formar parcerias. Isso tornará a tarefa menos assustadora e todos vocês progredirão juntos.

O modelo que compartilhei pode ser usado em nível micro, mas também pode ser usado em nível macro. Começa com uma parte da sua vida, depois com o seu negócio, se você tiver um; negócio do seu empregador, se não; e sua comunidade, seu condado, sua região, estado ou país.

Muito rapidamente se torna um movimento que domina o mundo inteiro. Mas tudo começa com o primeiro passo, sua própria vida. Tudo a partir daí é apenas um efeito dominó.

Se todos se concentrassem em opções alternativas para as suas vidas, o resto do mundo auto-organizar-se-ia para acomodar essa nova forma de ser. Nenhum esforço seria necessário. Uma empresa, uma comunidade ou um país é apenas um grupo que trabalha para alcançar um objectivo comum, uma cultura partilhada.

Concentre-se em trabalhar uma área do livro por vez. Dedique tempo e recursos para tornar essa área o seu estado ideal, começando com uma revisão de onde você está agora, criando uma visão de onde você quer ir, criando um plano para torná-la realidade e, em seguida, tomando as ações necessárias.

Se você deseja acessar conteúdo exclusivo ou ouvir sobre as últimas oportunidades, projetos ou negócios nos quais estou envolvido, encorajo você a ingressar no meu clube VIP. É gratuito e você pode participar inscrevendo-se no meu site, www.wayne-fox.co.uk

Sobre o autor

Wayne Fox é um reiniciador de negócios, disruptor do setor, desenvolvedor de propriedades comerciais, futurista, autor de best-sellers e investidor. Diretor do grupo Enyaw, uma empresa de investimentos com sede no Reino Unido que investe em *'estilo de vida de liberdade'* empreendimentos. Ele tem experiência em alcançar um crescimento de receita de 7 e 8 dígitos em empreendimentos anteriores de PMEs.

Meus links on-line:

Site Wayne Fox: www.wayne-fox.co.uk

Grupo Enyaw: www.enyawgroup.com

Enyaw Capital: www.enyawcapital.com

Propriedade Enyaw: www.enyawproperty.co.uk

Linkedin:https://www.linkedin.com/in/waynefoxuk

Twitter: https://twitter.com/WayneFoxUK1

Instagram:https://www.instagram.com/waynefoxuk

YouTube:https://www.youtube.com/@WayneFoxUK

Udemy:https://www.udemy.com/user/wayne-fox-6

www.ingramcontent.com/pod-product-compliance
Lightning Source LLC
Chambersburg PA
CBHW052308220526
45472CB00001B/21